幸福な人生には原則があった

生き方を学ぶ統一原理セミナー

入山聖基
Seiki Iriyama

光言社

はじめに

これから紹介するのは、「統一原理」という新しい真理です。

この真理には、人生の問題から世界の問題に至るまでの解決法が秘められています。皆さんの抱える課題を解決するヒントが、必ず得られることでしょう。

「統一原理」を解明されたのは、文鮮明《ムンソンミョン》先生という方です。

一九二〇年に韓国でお生まれになった文鮮明先生は、世界が第一次世界大戦から第二次世界大戦に向かう、戦争と混乱の時代に若く多感な時期を過ごされました。祖国である韓国も一九一〇年の日韓併合で国を失って以降、苦しみの中にありました。

戦争、貧困、離別という、人の生きるあらゆる苦しみが現れた時代において、文鮮明先生は、「人はどうしたら幸せになれるのか」を、誰よりも深刻に探究されたのです。

しかし、どんなに宗教や哲学に精通したとしても、その中に答えがないことを悟った文鮮明先生は、絶頂期には、一日十二時間以上も祈祷しながら過ごす修道生活に入っていかれました。そんな真理探究の生活を九年も続けた末に、ついにこの「新しい真理」を見いだされたのです。文先生が「（これは）決して人間の頭脳から出てきた言葉や教えではありません。天がかわいそうな人類を救援するために下さった天道を教える教本です」と語っておられるように、天啓によって与えられた真理なのです。

それを文先生自らが生涯を通じて実践され、実証されたのが「統一原理」なのです。

本書は、はじめて「統一原理」にふれる方のために、一読して全体像が一望できるように、できるだけ平易な表現で「統一原理」を紹介しています。聞き慣れない言葉も少し出てくるかもしれませんが、神からのメッセージと思って読んでいただきたいと思います。

「統一原理」との出合いが、皆様の新しい人生の出発となることをお祈りします。

二〇一九年十月

入山聖基

目次

はじめに …… 3

第1講座　神の実在

人間の無知 …… 12
神が信じられない理由 …… 14
神を知る方法 …… 20
①心を見れば、神がわかる
②自然界を見れば、神がわかる
③「種」を見れば、神がわかる
宇宙の目的は人間にあった …… 33
神と共にある人生 …… 35

第2講座　創造原理と人生の目的

授受作用 …… 40

創造目的……44
人生の目的……46
人間の構造と霊界……48
人間の行く道……51
人の本来の生き方……52

第3講座　悪と不幸の根本原因

悪の勢力……56
罪の起源……58
二本の木の意味……60
サタンの正体……62
天使の罪と人間の罪……63
罪の根……65
善悪を知る木の実とは?……66
堕落の動機と経路……67
人間堕落の結果……70

①神の血統の喪失
②堕落性本性
罪と救い …… 73

第4講座 神の人類救援摂理
神の人類救援摂理の始まり …… 78
復帰原理 …… 79
アダム家庭における神の摂理 …… 81
ノア家庭における神の摂理 …… 84
アブラハム家庭における神の摂理 …… 88
ヤコブの勝利 …… 92

第5講座 救世主イエスの真実
メシヤと呼ばれた人 …… 96
イエスは両親から愛を受けられずに育った …… 97
イエスは結婚し、家庭を持ちたかった …… 99

イエスの時代に地上に天国を創る神の計画があった……102
イエスは十字架にかかることを願っていなかった……106
イエスはもう一度来られる……112

第6講座　歴史の同時性とイエスの再臨

歴史は繰り返す……116
歴史には目的がある……116
イスラエル民族史……119
キリスト教史……122
再臨の時……126
再臨の国……129
韓国である理由……130
再臨主は誰か？……132

第7講座　救世主 文鮮明先生・韓鶴子女史ご夫妻の歩まれた道

誕生……134

文鮮明先生の少年時代 …… 134
救世主の使命を自覚 …… 135
学生時代 …… 137
神の人類救援摂理 …… 138
キリスト教摂理の失敗 …… 139
興南収容所 …… 140
解放 …… 143
共産主義問題 …… 144
第二次摂理の出発 …… 148
アメリカを国際共産主義から守る …… 150
米ソ冷戦を終結させる …… 156
金日成主席と会談 …… 160
真の愛の生涯 …… 163
新時代の始まり …… 165
救世主現る！ …… 166

第8講座　結婚の真実――神の祝福をあなたに

結婚の真実……170
結婚の目的……171
創造原理と結婚……173
永遠の愛と人生……174
人間堕落と結婚……176
現代社会の問題と結婚……177
救いの摂理と結婚……178
祝福結婚は世界平和運動……183
神の祝福をあなたに……184

おわりに……187
参考文献

第1講座

神の実在

人間の無知

「統一原理」は、『原理講論』という六〇〇ページ以上ある一冊の書物にまとめられています。その冒頭の一文を紹介します。

「人間は、何人といえども、不幸を退けて幸福を追い求め、それを得ようともがいている。個人のささいな出来事から、歴史を左右する重大な問題に至るまで、すべては結局のところ、等しく、幸福になろうとする生《せい》の表現にほかならないのである」（『原理講論』21ページ）

人は誰もが幸せになろうと一生懸命努力しています。努力に応じて幸福が得られるなら、誰も文句を言わないでしょう。しかし、現実はそうではありません。幸福を願って努力しているのに、不幸になることもあるのです。それはなぜなのでしょうか？　誰もが平和を願っているのに戦争が絶えません。なぜなのでしょうか？

このような理想と現実の矛盾から生きる苦しみが生まれています。この答えを誰も得ることができないまま、人類歴史は今日まで流れてきました。しかし、この問題に対し、「統一原理」では、たった一文でその答えを出しているのです。

それは、「（人間が）堕落することによって……無知に陥ってしまったため」（『原理講論』34ページ）であるというのです。

「堕落」というのは、人間が本来あるべき姿を失ったということです。そして、人間として当然知っているべきことを知らないで生きているというのです。皆さんは努力していろいろなことを学んでこられたでしょうから、「無知」などと言われれば、一体何を知らないと言うのかと思われることでしょう。

意外に思われるかもしれませんが、それは「神がわからなくなったこと」だと「統一原理」は教えているのです。

「神がわからなくなった」ことが根本的な無知となり、目に見えない無形世界のことがわからない「内的無知（霊的無知）」に陥りました。その結果、人間が何のために存在しているのかということもわからなくなってしまったのです。

さらに、物質世界の根本や、自然界がどのような法則で成り立っているのかがわからない「外的無知」に陥ってしまったのです。

人類は、宗教や科学を探究することを通じて、こうした内外の無知を克服する努力をしてきました。その結果、多くの答えを得てきたことは事実ですが、幸福と平和に関する人間の生きる苦しみはいまだに解決されていません。

「神がわからない」という根本的な無知の問題が解決されていないために、問題を根本的に解決することができないでいるのです。それゆえに、「神の実在」を明らかにしなければならないのです。

神が信じられない理由

皆さんの中には、「神など信じない」と言う方もいらっしゃるでしょう。実は、「神が信じられない理由」があるのです。そのことを考えてみましょう。

第一に、唯物論の影響です。

唯物論というのは、簡単に言うと、すべての存在の根本は物質であるという考え方です。目に見えず実証できない存在は信じないというのです。こうした考え方の影響を受けると、目に見えない神など信じないということになります。

たしかに人間は五官で物質を認識しています。すなわち目で見て（視覚）、耳で聞いて（聴覚）、口で味わって（味覚）、鼻で匂いを嗅いで（嗅覚）、手足で触れて（触覚）、物を認識しているのです。この五官で認識できないものは実証できないのだから存在していないと唯物論者は言うのですが、それは本当でしょうか？

五官の一つ、目に見えないからといって、存在しないと言えるでしょうか？

例えば、「空気」はどうでしょう？　目に見えません。空気は見えませんが、確かに存在しています。しかも空気がなければ生きることができないほど、人間をはじめ生命体にとって大切なものです。

また、皆さんは携帯電話を持っているでしょう。通話するとき、相手とは何でつながっているのでしょうか？　電波です。電波も目に見えません。さらに、心は目に見えますか？見えません。愛が大切だと言いますが、愛は見えますか？

サン・テグジュペリというフランスの作家が書いた『星の王子さま』という本があります。ご存じの方も多いでしょう。これは子供だけでなく、大人にも通じる教訓がたくさん含まれていることで有名です。

その中で、星の王子さまに、キツネがこう教えています。

「じゃあ、秘密を教えるよ。

とてもかんたんなことだ。

ものごとはね、心で見なくてはよく見えない。

いちばんたいせつなことは、目に見えない」

（サン・テグジュペリ著『星の王子さま』新潮文庫）


このように、目に見えなくても存在しているものはたくさんあります。むしろ、目に見えないものほど大切であるとも言えるのでないでしょうか？　ですから、「神」も目に見えないから存在しないとは言えません。


第二に、進化論の影響です。

進化論は、サルから人間になったと教えています。義務教育の学校の教科書にすら、そういう図が出ています。これは、神が人間を創造したということを否定するものなので、「神を信じない」ということにつながり、人々の考えに大きな影響を与えているのです。

日本人は昔から先祖を大切にして生きてきました。この考えだと、私たちの先祖をたどっていくとサルということになりますが、そうでしょうか？　もしこの進化論が間違いだとしたら、どうでしょう。

『「大発見」の思考法』（文春新書）という本があります。これは、ｉＰＳ細胞で有名な山中伸弥先生（二〇一二年ノーベル生理学・医学賞受賞）と、理論物理学者の益川敏英先生（二〇〇八年ノーベル物理学賞受賞）の対談集です。その中に次のようなやりとりが出てきます。

山中　「進化論」はまだ誰にも証明されていない……。なぜか日本人は、人間はみんな猿から進化したと信じていますが、証明はされていない。

益川　「ヒトは猿から進化したのか、それとも神が作ったのか」と訊《き》かれれば、日本人はなんとなく「猿から進化した」というほうを信じますが、それは何の根拠もないわけです。

山中　そのうち、ダーウィンの「進化論」は間違いだった、ということになるかもしれません。

（１８７ページ、「神はいるのか」より）

現代の科学の最先端を行く二人が、「進化論は仮説であって実証されていない」と言っているのです。実は、進化論は化石を並べて、「こうだったかもしれない」という仮説を立てただけで、それを実証した人はいないのです。二〇一四年に「ＳＴＡＰ細胞」事件がありましたが、実証できないことから、大変な騒ぎになってしまいました。進化論も、科学的実証性から見ると同じようなものなのです。

もし進化論が間違っているとするなら、神が存在して人間を創造したことを否定することはできないでしょう。


第三に、神の沈黙に対する疑念です。

これは、「神は、人（私）が苦しんでいるとき、助けを求めたのに助けてくれなかった。だから神なんか信じない」という人生経験から来る不信感です。自分の求めに沈黙する神に対して絶望したことが原因になっています。

皆さんの周りで、断定的に神の存在を否定する人がいるとしたら、もしかしたらこうした過去の経験が原因になっているかもしれません。その人も、もともとは神を信じていた人だったかもしれないのです。

ここで例に挙げてみたいのは、皮肉なことですが、進化論の生みの親といわれるチャールズ・ダーウィン（一八〇九―八二）です。あまり知られていないことですが、ダーウィンには十人の子供がいて、子煩悩な良い父親でした。ところが、その子供の中でも特に可愛がっていた長女のアニーが、十歳のときに熱病にかかってしまうのです。

その頃のダーウィンは教会にも通っているクリスチャンで、神を信じていました。ですから、娘のために熱心に祈り、あらゆる治療を施しました。しかし、努力の甲斐《かい》なく、一年もの闘病生活の末に亡くなってしまったのです。ダーウィンはひどく落胆しました。

ダーウィンの玄孫《やしゃご》であるランドル・ケインズ氏が書いた『ダーウィンと家族の絆』（白日社）という本があります。サブタイトルには、「長女アニーとその早すぎる死が進化論を生んだ」と付けられています。原題は『ANNIE'S BOX』です。それは、アニーが大切にしていた、「お道具箱」のことです。それをダーウィンは生涯大切に持っていたというのです。どれほどアニーを愛していたか、そしてその死がどれほど耐えられないものであったかが伝わってきます。

チャールズ・ダーウィン
（1809-1882）

この本には次のようなことが書かれていました。

ダーウィンは自然の中に神を発見する自然神学者であり、神を信じる信仰者だった。しかし、（愛娘の死に）絶望したダーウィンは信仰に疑問を持つ。「神はなぜこのような悲しみを与えるのか？　これが神の思《おぼ》し召しとは思えない。そんな無慈悲な神など信じたくない」。ダーウィンはその日から教会に行かなくなった。そして猛然と研究に没頭する。そのテーマは、「自然闘争」――この世は無慈悲な世界であることを証明しようとした。ガラパゴス諸島でヒントを得たダーウィンは、八年後に『種の起源』を世に発表する。ダーウィン臨終の言葉は、「神様！」だった。

あまりにも簡単なあらすじですが、ダーウィンが通過した悲しみ、苦しみが伝わってきませんか？　彼もまた、「神の沈黙」から来る絶望により、神を見失ったのです。

このように、その人の思想の背景には、その人の人生経験があるのです。

神を知る方法

それでは、一体どうしたら神を知ることができるのでしょうか？

神をとても遠い存在のように思うかもしれませんが、実はそうではありません。むしろ、「近すぎてわからない」と考えたほうがよいでしょう。ある見方に気がつけば、誰もが神を知り、出会うことができるのです。
その方法を、三つに分けて紹介します。

①心を見れば、神がわかる

人間は誰もが心を持っています。「心ない人」はたまにいますが、「心がない人」は一人もいないでしょう。

その心に良心と邪心という、二つの心があります。邪心は人間を自己中心的にし、悪の欲望に走らせるように働きかけますが、完全に悪に支配されません。それは、もう一つの心である良心があるからです。この良心は、善からずれることがありません。私の心が悪に向かうと、「良心の呵責《かしゃく》」を覚えさせて、悪を行わないよう止めにかかります。そして実際に悪が行われてしまった場合には、その後にも心に痛みを与え続けて後悔させようとするのです。罪を犯してうまく逃げた犯人が、自分の心の痛みに耐えかねて自首してきたという話がよくあります。良心はそれほど強い力で人を善に向かわせる働きをするのです。

このため、良心は実に不思議な心だということで、一時はヨーロッパを中心に、多くの学者たちが真剣にこの「良心」を研究したようです。ドイツの哲学者カント（一七二四―

一八〇四）もその一人です。彼は著書『実践理性批判』に、こんな言葉を残しています。「静かに深く考えれば考えるほど、ますます常に新たに、そして高まりくる感嘆と崇敬との念を持って、心を満たすものが二つある。それは、我が上なる星空と、我が内なる道徳律である」

彼の心を満たした「わが上なる星空」とは、絶対に変わることのない宇宙の法則であり、「わが内なる道徳律」とは絶対善なる良心であると言えるでしょう。この両者が心を満たしているというのです。

このように多くの学者や宗教者が良心を研究しましたが、その心がどこから来たのかを知ることはできませんでした。

絶対善なる神がおられ、人間を創造したその証拠が皆さんの良心に残っているのです。皆さんも自分の良心に問いかけてみてください。「あなたは何者なのですか?」と。その心の中に、神の存在を発見することができるでしょう。

②自然界を見れば、神がわかる

『原理講論』には、次のように書かれています。

「無形にいます神の神性を、我々はいかにして知ることができるだろうか。それは、被造世界を観察することによって、知ることができる。……神の神性を知るために、被造世界に普遍的に潜んでいる共通の事実を探ってみる……」（『原理講論』42ページ）

神がすべての自然界を創造されたとするなら、美しい自然界は神の芸術作品です。作者である神が目に見えない存在だとしても、作品には神の性稟《せいひん》（性質のこと）が現れるでしょう。そこには神の知性や愛情、創られた目的などのメッセージが込められているはずです。ですから、自然界をよく観察すれば、それを発見することができるというのです。

私たちはみな、人間が自分自身を創ったのではないことを知っています。宇宙や自然界もまた、人間が創ったものではありません。気がついたら「すでにあった」のです。このような存在を「結果的存在」と言います。こうした「結果的存在」であるならば、それを存在せしめた「原因的存在」がなければなりません。その究極的な第一原因を「神」と呼ぶのです。

「神」などというと、宗教的な言葉だと敬遠する人もいるかもしれません。しかし、今は、科学が「神」にとても近い時代が到来しています。科学はすべての物質の根本を究極まで追究してきました。すべての物質が素粒子からできていることは皆さんもご存じでしょうが、現代科学はさらに根本的な物質の根源を発見するところまで来ています。

二〇一二年七月四日、すべての物質に質量を与える究極的な粒子、「ヒッグス粒子」の存在が確認されたというニュースが世界を駆け巡りました。その粒子は「神の粒子」とも呼ばれました。このように、現代物理学は、ビッグバンから現在までの宇宙の生成を理論的に説明できる方向に進んでいて、そこに神の存在を認めざるを得ないところまで来ているのです。

しかし、科学者たちは安易に「神」とは言いたがらないようです。それで、別の言葉が流行しています。それが、「サムシング・グレート(something great)」という言葉です。直訳すれば、「偉大なる何者か」です。

この言葉を言った村上和雄博士(一九三六―)は筑波大学名誉教授で、遺伝子研究の権威です。遺伝子を読み取る最先端の技術を持っている方ですが、著書で次のように書いています。

「私たち人間の体内にある六十兆個の細胞はその一つ一つがみんな生きている。その膨大な生命群はぎっしり隣接しながら、ケンカも混乱もせず、きちんと支え合って生きています。地球上の人間は頻繁にケンカやいじめを繰り返し、離婚し、訴訟し、戦争もしてトラブルが絶えることがないのに、体内の小さな生命たちは見事に調和して、それぞれ自律的な生命を営みながら互いに助け合って組織をつくり、臓器をつくって、個体（私）を生かしています。

このこと一つをとっても、科学の原理を超えた、生命の奇跡と言ってよいものなのです。その精巧にして絶妙な生命の原理を定め、また、それを膨大子細な情報として遺伝子に書き込んだ「誰か」がいるはずです。私たち人間にできるのはせいぜいそれを読み取るくらいなのです。それが偶然や人為でできたとは考えにくい。

したがって私はその設計者として、科学の常識や人知を超えた大きな存在を想定し、それを『サムシング・グレート（偉大なる何者か）』と呼んでいます」

（村上和雄著『生命の暗号②』サンマーク出版）

ここに書かれているように、人間は六十兆個の細胞からできています。「人によって違うのでは？」と思いがちですが、数はみな同じだそうです。ただ、年を取ると細胞が少し減ってくるので、体が小さくなるのです。

体内の細胞には、脳細胞もあれば、足の裏の細胞もあります。細胞たちが、「脳細胞のほうがカッコいい！　足の裏の細胞なんか汚れ仕事で嫌だ！」と不平不満を言い始めたらどうなるでしょうか？　しかし、そんな細胞は一つもありません。みな与えられた自分の持ち場を守り、見事に調和しています。なぜそうできるのでしょうか。一つの目的のもとに動いているからです。それが、「体を生かす」という目的です。

六十兆個の細胞が、私を生かすために一致団結して二十四時間働き続けてくれているのです。そう考えると感謝の気持ちが湧いてきませんか？　皆さんの中には、「自分は誰からも愛されていない！」と思っている方がいるかもしれません。しかし、少なくとも自分の細胞からは愛されているのです。

〈陽性と陰性の二性性相〉

それでは、神の神性を発見するために、自然界の中にある共通の法則を探してみましょう。二つの法則を紹介します。

まず一つは、「陽性と陰性の二性性相」です。難しい言葉のように思うかもしれませんが、簡単で当たり前な法則です。すべての存在は、陽性と陰性という二つの性のペアで存在している、という法則です。

例えば、動物を見るとオスとメスがいます。これが陽・陰です。ペアになっている動物を見ると、ほほえましくなりますね。また、植物には雄しべと雌しべがあります。さらに、鉱物を見ると陽子（＋）と電子（－）の関係など、分子、原子、素粒子に至るまで、プラスとマイナスという陽・陰の関係で存在しています。

なぜこのようになっているのでしょうか？　それを創られた神の性質がそうだからです。神ご自身の中には、根本的な陽性である本陽性と根本的な陰性である本陰性という二性が存在し、完全に調和統一されています。そのような神が創造されたので、神によって創られたもの（被造物）は陽・陰の二性となっているのです。そして、二性に分立された陽・陰の実体は、必ず自分の相対を求め、一つになって完成しようとするのです。

神の性質がそっくりそのまま投影されているのが人間です。人間も神と同じように男性と女性という陽・陰がペアとなって存在しています。聖書には、「神は自分のかたちに人を創造された。すなわち、神のかたちに創造し、男と女とに創造された」（創世記一章27節）とあります。

そして男女は完成するために一つになろうとし、それぞれが成熟すれば夫婦になります。そして子供ができれば父母となります。

人間が完成した姿を父母と考えれば、神は「天の父母」なのです。父母には子女がいなければなりませんが、それが人間なのです。

「神と人間は『親子』の関係である」。これが宇宙の根本真理です。神は親であるがゆえに、いつも子である人間のことを想《おも》っているのです。あなたも神の子の一人であり、「神から愛されている」のです。

〈性相と形状の二性性相〉

もう一つの法則があります。それが、「性相と形状の二性性相」です。これも難しく感じるかもしれませんが、内容を知れば当たり前と思うことでしょう。

すべての存在は、目に見えない性相（内性）と、目に見える形状（外形）が一つになって存在している、という法則です。

例えば、動物を見ると、種類によってその姿や性質が異なり、個性的です。「ナマケモノ」という動物を見たことがあるでしょうか？　見た瞬間、「こいつは怠け者だな」とわかります。一日に二十時間眠っているそうです。そのおっとりとした性格が、姿や行動に表れているのです。

植物を見ても、ただ生えて、咲いているのではありません。ヒマワリ（向日葵）を見れば、その名のとおり、どこに太陽があるのかを知って、そちらのほうに向かって花を動かします。また、植物はどこに水があるのかを知って、根を伸ばすのです。それは、植物も「生きる」という意志というべき内性を持っていることを示しています。

物質を構成する分子、原子、素粒子も、それぞれ性質をもち、形状を持っています。学生の頃、「元素の周期表」を覚えた記憶がある人もいるでしょう。みな異なる性質と質量を持っており、その数は一〇〇以上あります。

なぜ、自然界はこのようになっているのでしょうか？　それらを創られた神の性質が投影されているからです。神ご自身の中に、根本的な性相である本性相と根本的な形状である本形状が存在し、完全に調和統一されているのです。それが被造物に現れたのが性相と形状なのです。性相と形状は同一の存在の両面を言い表しており、形状は第二の性相ともいえるので、総合して二性性相というのです。

そして、神の本性相と本形状がそっくりそのまま投影されているのが人間です。人間は心と体が一つになっていますが、その人を表すのは外見（体）以上に、心情や性格など内面（心）です。

人間の本質は心です。心には喜怒哀楽の感情が湧き出る「心情」があります。心情は愛することによって喜びを得たいという情的な衝動です。そのことは、神が「心情の神」であることを教えてくれています。神の本質は心情であり、そこから生まれてくるのが「真の父母の愛」をはじめ、「真の夫婦の愛」「真の兄弟姉妹の愛」「真の子女の愛」という四大愛なのです。

人間は神の似姿なので、人間も心情を持っているのであり、真の愛を求めるのです。あらゆる存在の中で神を感じ、神について考えることができるのは人間しかいません。このように神にも人間にも心情があるので、心情交流をすることが可能です。それが「祈り」です。人と人とが言葉を交わして心を通じ合わせるように、神と人とも言葉や思いで交流し、お互いの存在を感じ合うことができるのです。人は誰でも、祈れば神の存在を感じることができるようになっているのです。

「天のお父様、天のお母様」と呼びかけてみてください。あなたも神を感じることでしょう。

③「種」を見れば、神がわかる

アサガオという花があります。皆さんもどこかで見たり、触ったりしたことがあると思います。小学校の課題などで、育てたことがある人も多いでしょう。それを思い出してください。アサガオの種を土に植えて水をあげ、太陽の光に当てれば、双葉が出ます。さらに成長すれば、見事にアサガオの花が咲くでしょう。咲いてみたらヒマワリだったということはないはずです。

では、アサガオの種を開いたら、アサガオの花が入っているでしょうか？　そうではありません。種が時間とともに成長して、花になるのです。不思議ではありませんか？

二〇一二年、現代建築技術の粋を集めて東京スカイツリーが建ちました。高さ六三四メートルのタワーです。当然のことですが、高度に計算された設計図があるはずです。

では、スカイツリーの「種」を創ることができるでしょうか？　それを蒔《ま》けばスカイツリーが生えてくる、そんな種を創ることができるでしょうか？　現代の最高の科学技術を投入しても、できないでしょう。スカイツリーどころか、アサガオの種一粒さえ、人間は創ることができないのです。

「種」には、空間の設計だけでなく、時間も設計されています。時間とともに変化（成長）して、完成体になるのです。そのようなものを創ることができるのは、神だけです。ですから、「種」を見れば、神がわかるというのです。

人間の誕生を考えてみましょう。宇宙という環境がなければ、人間は一日も生きられません。最新の科学によると、宇宙は今から一三八億年前に起こった、ビッグバンから始まりました。そこから宇宙が形成され、銀河系ができ、太陽系が生まれて、その中に地球という惑星が生まれました。そして、地球もまた長い年月をかけて人間が生きることができる環境を整えていったのです。そして最後に人間が誕生しました。

「進化論」で言うように、これはすべて「偶然」の連続によって起こったのでしょうか？ むしろ、「宇宙は最初から人間を誕生させる目的を持っていた」と考えたほうがよいのではないでしょうか？ 最近ではそう考える科学者が増えてきていて、これを、「人間原理の宇宙論」と言っています。

アサガオの「種」からアサガオの花が咲き、実が実るのと同じように、今から一三八億年前に人間を中心とした宇宙の「種」がまかれて、気が遠くなるような年月をかけて、人間を実らせたと見ることができるのです。進化論者が言うように「偶然に」進化したのではなく、初めから人間が誕生し、生きることができる環境づくりの設計図があって、そうなるべくして、「必然に」人間が誕生したのです。

宇宙の目的は人間にあった

佐治晴夫博士（一九三五—）という方がいます。ＮＡＳＡの研究員まで務めた理学博士で、ＶＨＳビデオの三倍モードの開発者としても有名です。その佐治先生が、『からだは星からできている』（春秋社）という面白いタイトルの本を書いています。その中の一節を紹介します。

「私たちの体を構成しているすべての物質は、星が輝く過程でつくられ、その星が超新星爆発というかたちで終焉を迎え、宇宙空間に飛び散った、その『かけら』です。つまり私たちは、『星のかけら』なのですが、その『かけら』からつくられた『かたち』にも、宇宙の性質が投影されているということなのです」（１３１ページ）

「あなた自身という存在も、一三七億年前（最近、一三八億年前に修正された）に、一粒の光から生まれ、何度も枝分かれしながら進化を繰り返し、今ここにいるのだという事実を教えてくれるのは、現代科学によって語られる宇宙論です。もし、〝神〟というものが存在するのならば、こうした不可思議としか言いようのない生命のからくりの中にこそ、存在するのかも知れません」（１４９ページ）

星が爆発するということを聞いたことがあると思います。星が自らの重力に耐えられずに爆発するのですが、これを超新星爆発といいます。宇宙ではこれが繰り返し起きており、その度に新しい元素ができていったというのです。そして、その元素は、人間の体を構成するのに何一つ無駄なものがないというのです。それで人間は宇宙が投影されている小宇宙であり、星からできている「星の子」だというわけです。

ところで、『原理講論』は一九六六年に発刊されましたが、その中にこのような記述があります。

「今日の科学は、物質の最低単位を素粒子とみなしているが、素粒子はエネルギーからなっている。ここにおいて、物質世界を構成している各段階の個性真理体の存在目的を、次元的に観察してみると、エネルギーは素粒子の形成のために、素粒子は原子の構成のために、原子は分子の構成のために、分子は物質の形成のために、すべての物質は宇宙森羅万象《しんらばんしょう》の個体を構成するために、各々存在していることを知ることができる。それゆえに、エネルギーの運動の目的は素粒子に、素粒子の目的は原子に、原子の目的は分子に、分子の目的は物質に、すべての物質の目的は宇宙形成にあるのである。それでは、宇宙は何のためにあるのであり、その中心は何であるのだろうか。それは、まさしく人間である」（『原理講論』

59ページ）
宇宙の目的は人間にあった――。今から半世紀以上も前に発刊された『原理講論』に、すでに最新の宇宙論が書かれているのです。まさに「統一原理」が天啓によって明らかにされた真理であることがわかります。

神と共にある人生

このように、人間をはじめすべての存在は神の創造原理に従い、神をかたどって創られています。このような存在を「個性真理体」といいます。同じ種として一見、同じ形をしているように見えても、よく見るとみな唯一無二の個性を持っています。犬や猫をペットに飼っている人はよくわかることでしょう。人間はなおさらです。あなたの内面も外形もみな、世界にたった一つしか存在しません。あなたはまさに「個性真理体」なのです。

人間以外の被造物を万物といいますが、それらは神に部分的に似ています。しかし人間は特別です。神に全体的に似ているのです。人間には特別な価値が与えられています。第一に「神の子」としての価値、第二に唯一無二の「個性体」としての価値、そして第三に一人一人が宇宙全体を表す「小宇宙」としての価値です。ここに「人間の尊厳」があります。
今の世の中は、「愛がなくなった」「愛が冷めた」などと言われがちですが、そうではないのです。人間は相手の存在の価値を感じてこそ愛情が湧くようになっているのです。ですから、愛が失われたのではなく、「人間の価値」が見失われていることが、現代社会の問題点なのです。

皆さん一人一人が素晴らしい価値を持っていることを知りましょう。神は皆さんを愛しています。家族や友人、周りの人たちの価値を見いだしましょう。そこから愛がよみがえることでしょう。

皆さんの中には、今まで神をあまり意識して生きてこなかった方もおられるかもしれません。しかし、神が共にある人生とそうでない人生には大きな違いがあります。もし神がおられないなら、人間は最終的には一人です。ですから、誰もわかってくれない怨みを抱いて孤独に生きることが多いのです。それは、幸福な人生とは言い難い人生となるでしょう。しかし、もし神が親であるなら、子である私を見つめ続けておられるはずです。親は子供の痛みや悲しみを子供以上に感じます。神は、私の人生の喜怒哀楽を、私以上に感じておられたことでしょう。たとえ世の中であなたのことを理解する人が一人もいないような孤独な境地に陥ったとしても、神はあなたと共にいて、あなたを幸福へと導いているのです。「あなたの若い日に、あなたの造り主を覚えよ。悪しき日がきたり、年が寄って、『わたしにはなんの楽しみもない』と言うようにならない前に」（伝道の書一二章１節）

あなたも、あなたを造られた神を知り、神と共にある人生を歩んでみませんか？

第2講座

創造原理と人生の目的

授受作用

人間が元気に生きるためには力（エネルギー）が必要です。体に力が満ちてこそ健康体を維持でき、心に力が満ちていてこそ人生をいきいきと過ごすことができます。また、宇宙・自然界を見れば、すべての存在は、力の作用によって動いていることがわかります。

では、その力はどこから来るのでしょうか？　私たちは熱や電気や原子力など、さまざまなエネルギーを使って生活していますが、どれ一つとして人間が存在せしめたものではありません。自然界の中にあるエネルギーを利用しているだけです。それは創造主である神の力から出ているのです。そのようなすべての力の根本にある力を「万有原力」といいます。

現代の自然科学では、自然界には四つの力があるといいます。重力、電磁気力、弱い力、強い力の四つの力です。それらの力も、もとは一つの力から生まれていることを科学が証明する日も近いと言われています。そうなれば、「神の力」の存在を科学が証明することになるでしょう。

では、神の力である「万有原力」は、どのようにして自然界の力になっているのでしょうか？　それが「授受作用」の原理です。

神が創られたすべての存在（被造物）は、「性相と形状」と「陽性と陰性」の二性性相の相対的関係によって存在しています。それらが相対基準を造成すると、主体と対象の立場で関係性をつくろうと、互いに「良く授け、良く受ける」という作用を起こすようになります。これを「授受作用」と言います。

授受作用が起こると、そこから力が発生します。すべての被造物が「存在している」ということは、何らかの力が発生しているのです。生存（生きること）、繁殖（殖えること）、作用（影響を与えること）などのすべての力はこうした授受作用から生まれているのです。

物質の根本世界では、陽子と電子が授受作用して原子を形成しており、陽イオンと陰イオンが授受作用して物質をつくっています。電気にはプラス・マイナスがあり、これらが授受作用して電気エネルギーが発生します。自然界を見ると、動物の雄と雌や植物のおしべとめしべが授受作用して繁殖しています。

家庭においては、夫と妻が「良く授け、良く受ける」と夫婦円満になります。それは夫婦の心が通じ合って一つになっている、和しているということです。「授受作用」は和をつくり出す力であり、「一つになる」力です。

ところで、人間が幸福に生きるには、物質的な力や要素だけでなく、精神的な力や要素も必要です。それは「愛の力」です。それも授受作用から生まれてきます。ですから、授受作用は、愛の力をつくり出す原理でもあります。

国家において、政府と国民が「良く授け、良く受ける」と、国力を得て国家が繁栄します。世界では、国と国とが「良く授け、良く受ける」と、世界が平和になります。一つになって生きていこうという平和の力も、「授受作用」から生まれてきます。

ところで、「授受作用」は主体が対象に与えるところから始まります。ですから、お互いが「受けよう」という要求する思いでいては、力が出ません。ですから、まず「よく与えよう」という意識を持って生きていくことが大切です。これを「ために生きる」精神と言います。互いに「ために生きて」一つになるとき、愛が生まれ、幸福になるのです。

驚くべきことに、自然界のすべての存在は「ために生きる」精神を持って「授受作用」をして存在しています。それは宇宙を貫く精神であり、法則と言えます。そこから調和が生まれ、秩序がつくられているのです。そうした姿を見ると、「美しい」と感じるのです。ですから自然を見ると限りない美しさを感じるのです。それが愛と美の調和の世界です。

地球を取り巻く宇宙を見てみましょう。太陽を中心に地球が回り、地球の周りを月が回っています。互いに「授受作用」することによって、自転しながら一定の軌道で公転しています。地球と月は同じ頃、約四十五億年前に生まれましたが、まるで夫婦のように、お互いになくてはならない関係になっています。

地球の地軸は公転軌道に対して二十三・四度傾いています。地軸が傾いているのは、月と関係があるといわれています。もし地軸が傾いていなければ、太陽の光が当たる位置が固定されるため、暑いところはずっと暑いままで、寒いところは寒いままで、四季は生まれません。そうなれば、作物を育てることも簡単ではないでしょう。

「ために生きる」関係で共存する
花とミツバチ

もし月がなかったら、地球は今の三倍の速度で自転するといわれています。また、常に暴風が吹き荒れ、生命が生きられる環境ではなくなるというのです。月が地球を生命の星にしているといえるのです。

動物と植物も酸素と二酸化炭素を互いに交換しあうなど「授受作用」の関係で生存しています。

例えば、ミツバチは花から花へと飛び回りながら蜜や花粉を集めます。そのミツバチによって花は受粉し、繁殖できるようになります。ミツバチと花は「ために生きる」関係で共存しているのです。

このように、自然界は一つの法則で貫かれています。互いにために生きて共存しているのです。それゆえ、単独で存在しているものは何一つありません。互いに「ために生きる」という関係性でつながっているのです。自分の存在が他のためになっている――。それは「愛の法則」でもあります。このように、すべては〝愛の関係〟で存在しているのです。

創造目的

「神がおられるなら、神は何のために人間を創られたのだろうか？」――そんなことを考えたことがある人もいると思います。そこで次は、神の創造目的について考えてみましょう。

「神は心情の神」であると言いました。心情とは、愛を通じて喜びを得たい情的な衝動です。しかし、喜びは独りでは得られません。人は心と心を交わし、通じ合ってこそ愛と幸福を感じます。神も同じです。天地を創造された全知全能なる神ですが、一つだけ創れないものがありました。それが愛の関係です。そこで、神は愛の実体対象として人間を創造されたのです。

愛の対象である人間に、神は無限の愛を注ぎました。父母が子女に無限に愛を注ぐのは、そんな神の愛を受け継いでいるからなのです。

父母の愛は無償の愛であり、無条件の愛です。子供がいかなる姿であったとしても、父母の愛は変わりません。父母は子女のために犠牲になって生きていきます。いつも心配して心を削り、子供のために時間とお金を投入します。このような、子供のために犠牲になって喜ぶ父母の愛は、純粋で崇高な愛です。それで、「父母の恩は、山よりも高く、海よりも深し」と言うのです。

神の真の父母の愛は、自然界に満ちています。親なる神は人間を創る前に、子である人間が幸せに生きる環境を壮大なスケールと細微さで整えました。人間が生きるために、太陽の光を与え、空気を与え、食物を与えました。数万種類の動物、植物を創られました。美しい山河を与えました。どんな名画も、自然そのものの風景にはかないません。神が創られた自然が最高の芸術なのです。

このように、人間は神の愛によって創られました。そして、神に愛されるために誕生したのです。それゆえ、人間は、神の愛を感じるときに、「幸福」を感じるようになっているのです。今まで、愛を探し求めながらも、それを得られなかったのは、人間関係の中だけで愛を発見しようとしたからだったのです。

ですから、神を知ることは、愛を知ることであり、幸福への近道なのです。

人生の目的

聖書には、神が最初の人間であるアダムとエバを創られた後に下さったみ言《ことば》が書かれています。

「神は彼らを祝福して言われた、『生めよ、ふえよ、地に満ちよ、地を従わせよ。……地に動くすべての生き物とを治めよ』」（創世記一章28節）

生めよ、ふえよ、治めよという三つの祝福を下さったので、これを「神の三大祝福」といいます。

それは三つの理想、すなわち人間の生きる目的を示しているのです。

第一祝福は、「生めよ」です。英語の聖書で「Be Fruitful」と表現されているように、一人の人間として成熟しなさいという意味です。

神を中心に心と体を一つにし、神に似た個性を結実させることです。心と体が一つになるとは、本心の思うとおりに体が動くことであり、そうなってこそ生まれもった個性が完成されるのです。これを「個性完成」と言います。

人は充実した人生を送るために、仕事やスポーツ、芸術など、さまざまなものを習得しようとします。本心で思い描くように体が動くようになるには、反復と鍛錬が必要でしょう。これが心と体が一つになるということです。それが完成レベルでできる人をその分野の「マスター」といいます。

人生の目的は、「愛のマスター」になることです。思いどおりに人を愛せるようになる愛の人格完成を成すことなのです。人は神から与えられた個性の価値を知り、それを発揮して、人を愛し、愛の人格を完成していくのです。

第二祝福は、「ふえよ、地に満ちよ」、すなわち「家庭完成」です。

神を中心に夫と妻が愛で一つになれば、そこに子供が生まれます。夫婦は父母となり、愛で子供を育んでいきます。家庭で父母の愛、夫婦の愛、子女の愛、兄弟姉妹の愛を体験し学んでいくのです。ですから、家庭は「愛の学校」なのです。

第三祝福は、「……治めよ」です。それは、神を中心に人間と自然界が一つになり、理想的な生活環境を創ることです。これが「天国完成」です。人間は誰もが良い家に住み、良いものを食べ、良い服を着て生きたいと願いますが、それもすべて神から与えられたものなのですから、共に分かち合って生きていくことを学ばなければなりません。

このように、人生は愛の完成を目的として、「個性完成」、「家庭完成」、「天国完成」という三大祝福の実現という目標に向かって生きていくのです。これが神と人が共に喜び、幸福を感じることができる「創造理想」なのです。

人間の構造と霊界

聖書には、人間の創造について次のように書かれています。

「主なる神は土のちりで人を造り、命の息をその鼻に吹き入れられた。そこで人は生きた者となった」（創世記二章7節）

これは、人間には、目に見える肉身と、目に見えない「霊人体」の二重構造になっていることを示唆しているのです。地上の生涯を終えれば、肉身は土にかえりますが、霊人体は、そのまま生き続けます。ですから、一度生まれた人間は決して消えてなくなることはありません。人間は永生するのです。

肉身は「肉心」を持っています。肉心は肉身を維持し、繁殖させるために、衣食住・性の欲求を持っています。一方、霊人体は「生心」という心を持っていて、「真善美愛」の価値を追求します。

人はみな、良いものを食べ、良い服を着て、良い家に住むことを願います。それも幸福の条件でしょうが、人間はその欲求が満たされただけでは満足しません。むしろ、それらを犠牲にしてでも真理を探究し、愛と美を求め、善に生きたいと思うのです。そうしてこそ自分の価値を感じることができるからです。

このような人間の構造を見れば、人間の生きる目的がわかります。

人間の本体、本性は肉身ではなく霊人体です。その霊人体が求めるのが真善美愛の価値ですから、そこに人生の目標の焦点を合わせて生きてこそ、悔いのない人生を送ることができます。そこに照準を合わせた生き方をしていかなければ、人生の方向性を間違えてしまいます。霊人体が求めるものは究極的には愛なのです。それゆえに人間は、愛なくしては生きられないのです。

では、何のために肉身があるのでしょうか？　肉身生活の目的は肉欲を満たすことではなく、肉身を用いて愛を実践し、実感して体恤《たいじゅつ》するところにあります。肉身は空気を吸い、ご飯を食べて成長しますが、霊人体は愛を呼吸し、愛を食べて成長するのです。

霊人体の存在は、「霊界」が実在することを教えています。永遠の世界で生きる霊人体があるので、人間は「永遠に生きたい」という願望を持っているのです。

霊界は愛の世界です。人にとって最後に残るのは、愛の実績です。それを持って霊界に行くのです。

ですから、肉身の死が人生の終わりではありません。肉身の死は第二の誕生です。本来、人が愛を完成して死んだなら、それは祝うべきことのはずでした。愛する人との死別は悲しいことですが、死は永遠の別れではありません。いずれ、皆さんも霊界に行くでしょう。そうすれば会いたい人にはいつでも会えるのです。

地上で愛を完成した人間が行く霊界が「天上天国」です。神は永遠なる愛の世界を人間のために準備したのです。しかし、人間は堕落することで愛を完成できないまま人生を終えるようになったため、その心の基準に合わせてさまざまな霊界の様相や階層が現れるようになりました。愛の完成という人生の目的を見失い、人や自分を怨《うら》み、罵り、傷つけるなどした人々がつくった霊界が「地獄」なのです。

死んだら天国に行くのか地獄に行くのかと心配する人がいますが、死後どのようなところに行くかは、霊界に行ってから決められるのではなく、地上での生き方によって自らが決めるのです。それで、地上の生き方が大切なのです。

人間の行く道

人生行路をたどってみましょう。

第一に、胎中生活は地上生活の準備期間です。人間が誕生する前には十月十日《とつきとおか》といわれる胎中期間があります。胎中では使わない目や肺や手足ができていきます。それは、次の地上生活を想定して、前もって準備しているのです。

第二に、独身時代は結婚生活の準備期間です。神の似姿になるには結婚しなければなりません。ですから、結婚することは、生まれること、死ぬことと同じくらいに、人生の大切な通過点なのです。結婚までに人を愛せる愛の人格を準備しなければ、家庭で「愛せない」苦しみを味わうことになります。それで、結婚までに兄弟姉妹の関係、友人関係、親子関係を通じて人を愛する訓練をする必要があるのです。

第三に、結婚生活、家庭生活、および社会生活は、霊界生活の準備期間です。霊界における天国は、愛を呼吸して生活する世界であり、人間が神の似姿として暮らす世界です。ですから夫婦は、一年や二年で「合わない」と言って離婚してしまうのではなく、生涯を懸けて一つになる努力をし、子供、孫まで三代に愛の実績を残していかなければなりません。そうしてこそ、理想の夫婦となって霊界で共に幸福に暮らせるようになるのです。

人の本来の生き方

宇宙の森羅万象が「創造原理」で創られていることがわかれば、その中心である人間にも創造原理に則《のっと》った「正しい生き方」があることがわかります。それを整理してみましょう。

第一に、本心（良心）に従って正しく生きなければなりません。正しく生きれば、必ず幸福になるように神は創られました。それは創造原理に則って生きるということです。反対に、間違った生き方というのは、創造原理に反した生き方です。どんなに幸福を強く願ったとしても、生き方が間違っていれば、結局、それは不幸として結実してしまうのです。

第二に、永生に向かって生きなければなりません。霊界における天国は愛を呼吸して生活する世界です。霊界における地獄は、愛が欠乏した世界であるため、言わば呼吸困難を引き起こした状態と言い得る世界です。ですから、人は地上生活で、愛のために生き、愛のために死に、愛の世界で永生できるようにしなければなりません。

第三に、愛の実績を残す生き方をしなければなりません。地上生活の目的は愛の実績を積むことです。それが後孫に残すことができる真の財産なのです。

第四に、愛を学ぶ生き方をしなければなりません。人は人生を豊かにするために、仕事やスポーツ、芸術などに熟達し、マスターしようとします。いちばん大切なことは、愛を学び、愛のマスターになることです。それは地上の人生において、正しい結婚をし、正しい結婚生活、家庭生活を送ることです。

第五に、天国に入籍できるような生き方をしなければなりません。そのために最も大切なことは、地上の人生において、正しい結婚をし、正しい結婚生活、家庭生活を送ることです。「天国」は「二人の国」と書きますが、天国は神の似姿である夫婦を単位としなければ入ることはできないのです。

さあ、このように「創造原理」によって人の本来の生き方が明らかになりました。皆さんの人生の道が見えてきたでしょう。

第3講座

悪と不幸の根本原因

この世界には間違いなく「悪」があります。その事実は、私たちの人生に大きく影響しています。真面目に努力して善に生きていたとしても、ある日、一人の悪人と出会い、危害を加えられれば、一瞬にして不幸になってしまいます。つまり、「悪」がある限り、人が幸福になれる保証はないのです。

では、この「悪」はどこから生まれてきたのでしょうか？　すべての犯罪行為は、悪なる動機（欲望）が悪行として現れたものです。つまり、「悪」は人の心から出ているのです。このような悪の欲望を生む心を「邪心」といいます。では、その邪心はどこから来たのでしょうか？　それがわからないので、克服できないのです。

悪の勢力

『原理講論』の「堕落論」には、次のように書かれています。

「人間はだれでも悪を退け、善に従おうとする本心の指向性をもっている。しかし、すべての人間は自分も知らずにある悪の力に駆られ、本心が願うところの善を捨て、願わざる悪を行うようになるのである。このような悪の勢力の中で、人類の罪悪史は綿々と続いてきた。キリスト教ではこの悪の勢力の主体をサタンと呼ぶのである。そして、人間がこのサタンの勢力を清算できないのは、サタンが何であり、またそれがどうしてサタンとなったかという、その正体を知らないからである」（『原理講論』91ページ）

人間を、「願わざる悪」へと誘導する「悪の勢力」があるというのです。悪魔とかサタンという言葉はみな、知っていますが、その正体を知っている人がいません。これでは、誰も勝つことができません。

この悪の勢力の主体、その実在と正体について、そしてなぜ神が創られた善なる世界に悪が生じるようになったのか、堕落の結果どのようになったのかを解明したのが、統一原理の「堕落論」です。

皆さんの中には、悪魔とかサタンとか言われても、現実のことと思えない人もいることでしょう。そこで、『悪魔のささやき』という本を紹介したいと思います。

これを書いたのは、加賀乙彦さんという、東大出身の医学博士です。この方が八十歳近くになって書いた本です。その中で、悪魔についてこのような考察がなされています。

「刑務所や拘置所で出会った犯罪者や病院で診療してきた患者さんと向き合い、同時に自分自身の内面を覗《のぞ》き込みながら、そしてまた聖書や文学に描かれた悪魔というものも手がかりにしながら、私なりに出した結論は、やはり悪魔はいるだろうということです。どんな姿をしているのか、肉体などなく霊的な存在なのか、そういったことはわからないし、これからもわかり得ないでしょう。しかしこれだけは断言できます。少なくとも私たち人間の心の中には悪魔的なものが確固として存在している、と」（加賀乙彦著『悪魔のささやき』集英社新書）

この先生は東京拘置所の医務技官を務めていました。そこには、死刑囚が収監されているのですが、そうした犯罪者のカウンセリングを行うと、みな同じことを言うというのです。「先生、悪魔が俺にささやいたんだ」と。そしてその後、自殺生還者のカウンセリングも多くされたそうです。すると、同じことを言ったというのです。「先生、私に悪魔がささやいたんだ」と。そのようなこともあり、この先生は、目に見えない霊的存在としての悪魔がいるという結論に至ったというのです。

このように、悪魔は霊的存在なので、目には見えませんが、確かに存在しており、私たちの生活に影響を及ぼしているというのです。その正体は、一体何なのでしょうか？

世界中の人々に最も大きな影響を与えた書物は聖書であると言ってほぼ異論はないと思いますが、その聖書の中に罪の起源の話が出てきます。それが、「失楽園の物語」です。その内容を要約して紹介します。

神は「エデンの園」を創られ、その中央に「生命《いのち》の木」と「善悪を知る木」という二本の木を生えさせました。まず男性であるアダムを創造し、それから女性であるエバを創られました。神はふたりに「三大祝福」のみ言《ことば》と、「善悪を知る木からは取って食べるな。食べるときっと死ぬ」という「戒め」を与えました。

ところが、そこに一匹のヘビが現れ、エバに、「決して死ぬことはないでしょう。食べると目が開け、神のようになれる」と、正反対のことを言ったのです。エバはヘビの誘惑に乗り、取って食べてしまいました。さらにアダムを誘って、彼にも食べさせたのです。神は人を追い出し、ふたりはエデンの園から出ていくことになりました。それで、「失楽園の物語」というのです。

この「善悪を知る木の実を食べたこと」が「罪」となって人間は堕落し、それが原因となって、今日の人類もその子孫であるがゆえに、その罪を受け継ぎ、苦しみを受けているというのです。これが罪の始まりになったのであり、「原罪」と言います。

科学の発達した現代において、これをそのまま事実と考えるのは難しいでしょう。しかし、「堕落論」は、ここに重大なメッセージが秘められていることを解き明かしたのです。

二本の木の意味

まず、問題の「善悪を知る木の実」ですが、これはよく言われるリンゴか何かの実なのでしょうか？　もしそうならば、腑《ふ》に落ちない点がいくつか出てきます。

神は真の父母、親であると言いました。親が子供が食べたら死んでしまうような食べ物を、手が届くところに置くでしょうか？　親が「食べたら死ぬよ」と言ったのに子供が食べて死んでしまったという話では、親の愛を感じられないでしょう。

また、「食べた」ことが原因で、それが子孫代々に「遺伝」することがありうるでしょうか？　悪い物を食べて死ぬ人はいますが、それが子孫にまで影響することはないでしょう。ですから、これはいわゆる「食べ物」の話ではないはずです。

さらに、飢えてもいない人が、死ぬと知りながら危険な物をあえて食べるでしょうか？

これは、「死を覚悟して食べた」ということなのです。それは、死を越えさせるほどの魅力を持ったものであるはずです。

つまり、この「木の実」は、何かを比喩《ひゆ》、象徴しているのです。それは「善悪を知る木」に生《な》っていました。この木は聖書の中でここにしか出てこないので、これ以上の手がかりがありません。

しかし、その隣に生えていた「生命の木」に関する記述は、「願いがかなうときは、命の木を得たようだ」（箴言一三章12節）や、「正しい者の結ぶ実は命の木である」（箴言一一章30節）など、いくつもあります。こうした記述を見ると、それは、人々の願望であり、人間が求める理想の姿を表しているようです。つまり、生命の木はアダムが完成した姿のビジョン（完成像）を示していたのです。

そして、その隣にあった善悪を知る木は、エバが完成した姿のビジョン（完成像）を示していたのです。

サタンの正体

次に、ヘビを考えてみましょう。普通のヘビではありません。人間と会話しています。しかもエバを誘惑できるほどの知性を持っています。さらに、神の意図を知り、それに対して明らかに反逆しています。ですから、これもまた、比喩・象徴なのです。では、その正体は何なのでしょうか?

実は、聖書を見ると、ストレートに出ています。

「この巨大な龍、すなわち、悪魔とか、サタンとか呼ばれ、全世界を惑わす年を経たへびは、地に投げ落《おと》され、その使《つかい》たちも、もろともに投げ落されたた」（ヨハネの黙示録一二章9節）

つまり、このヘビはサタン、悪魔の象徴なのです。

さらに、「神は、罪を犯した御使《みつかい》たちを許しておかないで、彼らを下界におとしいれ、さばきの時まで暗やみの穴に閉じ込めておかれた」（ペテロの第二の手紙二章4節）と書かれています。「御使」とは天使のことです。聖書には、神の創造を助け、神のメッセージを伝える存在として、天使が出てきます。当然、天使は神側の存在なのですが、罪を犯した天使が現れ、彼らが悪魔となって下界に落とされたというのです。
さらに、その天使の名前も出てきます。
「黎明《れいめい》の子、明けの明星よ、あなたは天から落ちてしまった」（イザヤ書一四章12節）
この部分を英語の聖書で見てみると、「Lucifer」（ルシファー）という名前が出てきます。それが天使長ルーシェルなのです。「黎明の子、明けの明星」とは、神が創造した天使たちの中で、一番星のようなトップの位置にいた天使という意味なのです。ルーシェルは神の創造の計画を知っていました。その天使が罪を犯し、サタンになったというのです。

天使の罪と人間の罪

では、天使長ルーシェルは一体どんな罪を犯したというのでしょうか？　これも、聖書に出ています。

「主は、自分たちの地位を守ろうとはせず、そのおるべき所を捨て去った御使たちを、大いなる日のさばきのために、永久にしばりつけたまま、暗やみの中に閉じ込めておかれた。ソドム、ゴモラも、まわりの町々も、同様であって、同じように淫行にふけり、不自然な

肉欲に走ったので、永遠の火の刑罰を受け、人々の見せしめにされている」（ユダの手紙6―7節）

ここに出てくるソドム、ゴモラというのは、旧約聖書に登場する町の名前です。豊かに繁栄しましたが、男女の性が乱れ、特に同性愛が横行しました。すると、硫黄と火の刑罰、つまり天罰によって滅びてしまったという話です。

天使長ルーシェルが犯した罪は、それと同じだというのです。つまり、「淫行（不自然な肉欲）」だったのです。

では、人間始祖が犯した罪とは何だったのでしょうか？

アダムとエバのようすを見ると、堕落する前と後で変化しています。堕落前には、「ふたりとも裸であったが、恥ずかしいとは思わなかった」（創世記二章25節）とありますが、堕落後には、「ふたりの目が開け、自分たちの裸であることがわかったので、いちじくの葉をつづり合わせて、腰に巻いた」（創世記三章7節）とあります。

人間の本性を考えれば、負債を感じたところを隠すでしょう。もし、何か食べてはいけないものを食べたなら、口を隠すはずです。しかし、ふたりが「無花果《いちじく》の葉」で隠したのは、腰すなわち恥部でした。

原罪と楽園追放（ミケランジェロ画）

つまり、ふたりが恥部で犯した罪とは、ルーシェルと同じく、「淫行」だったのです。

罪の根

「淫行」は、関係性の中で起こるものです。つまり誰かと誰かの関係の話なのです。その時、神が絶対に赦《ゆる》すことのできないことが起こったのです。それは、天使と人間の間の淫行関係だったというのです。ですから、原罪（罪の根）とは、「人間始祖が天使と不倫し、悪なる血縁関係を結んでしまったこと」なのです。

にわかには信じ難いことかもしれません。しかし、実際に人類が歴史を通して「不倫」という問題を克服できないのは、それが罪の根源に起因している問題だからなのです。

善悪を知る木の実とは?

では、善悪を知る木の実とは、何を象徴していたのでしょうか? 善悪を知る木が完成したエバ(女性)のビジョンを示したとすれば、その果実というのは、「エバの愛」を象徴していたのです。

天使がエバの愛を奪ったという話だったのです。今でも、男女がそういう関係を結ぶことを、「取って食べる」と言います。それは、血縁関係を結ぶことを意味しているのです。血統は子孫に受け継がれます。それはただ血がつながるというだけでなく、罪も受け継がれていくことを知らなければなりません。それゆえにキリスト教は「原罪」を教え、そのことを戒めていたのです。カトリックの修道士や仏教の清僧など、宗教人たちは、そこが問題の核心であると見抜いたがゆえに、「禁欲生活」を強調したのです。

どんなに立派な人格者や知識人でも、しばしば「女性問題」で失脚することがあるのはそれゆえです。中国の歴史において、唐の時代の玄宗皇帝は、絶世の美女である楊貴妃に溺《おぼ》れ、国を傾かせました。「傾国の美女」ともいわれます。また、ローマの歴史においても、時の権力者アントニウスが絶世の美女クレオパトラに溺れ、失脚していくという話があります。現代社会でも同じような問題がいくらでもあります。不倫は家庭を崩壊させ、結果として国を衰退させることになります。かつて栄耀栄華《えいようえいが》を極めたローマ帝国が滅亡したのも、そうしたことが原因だったと言われています。「初代皇帝アウグストゥスが『姦通処罰法』を制定したのは、そうした風潮に歯止めをかけようとしたものであった。この時代の詩人ホラーティウスは、昔のローマ人はこんなではなかったといって歌った。『罪に満ち満ちし世は、まず婚姻を、子孫を、家庭を、けがした。この源より出でし災厄は、祖国とその民草（民衆）に流れ入ったのだ』」（弓削達《ゆげとおる》著『ローマはなぜ滅んだか』講談社現代新書）

このように、人間は愛と性の問題によって罪と不幸をつくり出してきたのです。それは、人間の堕落の原因がそこにあったからなのです。

堕落の動機と経路

では、神が創られた善なる世界に、どのように悪が生じたのでしょうか？　人間始祖アダムとエバの堕落の経緯を見てみましょう。

神は最初に天使世界を創造されました。神は天使世界と授受作用しながら力を得て、天地創造を進められたのです。そのトップにいたのが天使長ルーシェルで、神の愛を一身に受ける「愛の基《もとい》」でした。

続いて宇宙が創られ、太陽系に地球が生まれました。それがまさに、神が人間のために与えた理想郷、「エデンの園」です。神は、人間が生きるための光や空気、数万種類の植物や動物を創られた後、最後に創られたのが人間、アダムとエバでした。その瞬間、神は、子供を得て、親になったのです。神は限りなく喜ばれ、親としての、より一層の愛をふたりに注ぎ、三大祝福のみ言《ことば》を与えました。

ルーシェルはアダムとエバに知識を与え、成長・完成へと導く使命がありました。いわば家庭教師のような立場です。ですから、ふたりの成長を神と同じ立場で一緒に喜ぶべきでした。ところが、その時、ルーシェルの心に湧いてきたのは寂しさでした。自分に対する神の愛情がアダムとエバに奪われたように思い、「愛の減少感」を感じたのです。ふたりに嫉妬したのです。ここに、天使世界の「愛の基」の位置を、人間世界に対しても保ちたいという思いが生まれました。それで、ルーシェルは愛に対する「過分な欲望」を持つようになったのです。

自分が人間世界においても「愛の基」となりたいと思い、エバを誘惑するようになったルーシェルは、エバから一層強い愛の刺激を受け、死を覚悟してまでエバを誘惑したのです。エバは、神が「食べると死ぬ」という戒めのみ言を下さっていたにもかかわらず、その戒めを破って最後の一線を越えてしまったのです。ルーシェルの「偽りの愛」を受け入れ、神の子女の立場を捨てて、不倫の関係を持ったのです。これを「霊的堕落」と言います。

ところがエバは、幸せに満ちるどころか、親である神を裏切ったという「良心の呵責《かしゃく》」を受け、不安と恐怖に襲われました。そこにあったのは、神の愛の光が注がれない闇の世界です。エバの心の中に、今からでもアダムと一体となることで、再び神の前に立ち、堕落した恐怖から逃れたいと願う思いが湧き起こりました。それで、アダムを誘惑して、「アダムにも食べさせた」のです。しかし、それはアダムに神の息子としての位置を喪失させる行為でした。

こうしてふたりは、神の愛の主管圏から逸脱し、利己的愛の世界に堕《お》ちていったのです。これが「肉的堕落」です。

地獄とは、神の愛が届かない場所をいいます。底知れない寂しさと苦しみの世界です。こうして、善のみであった本然の世界に悪が生じるようになったのです。

人間堕落の結果

①神の血統の喪失

アダムとエバが堕落せずに成長期間を全うし、完成していたなら、ふたりは神の祝福を受けて結婚し、晴れて夫婦となったことでしょう。これを「祝福結婚」と言います。そして、神の「真の愛」を相続し、子供たちを愛し、「神の血統」をつくったことでしょう。

しかし、ふたりは未完成のまま堕落し、神の愛の主管を受けることができない位置に堕《お》ちてしまいました。そのうえ、サタンとなったルーシェルの「利己的愛」、すなわち「偽りの愛」を受け継いだため、夫婦が本然の愛で愛し合うことができず、子女を本然の愛で愛してやることができない恨みの多い人生を生き、「サタンの血統」をつくったのです。

神が人間に相続させたかったのは「真の愛」です。それは「ために生きる」愛であり、自分を犠牲にしてでも与える利他的愛です。見返りを求めない無償の愛、無条件の愛なのです。そこから永遠の愛が生まれるのです。

ところがサタンから始まった愛は、本然の愛とはまったく違う「偽りの愛」です。それは自己中心の愛、利己的愛です。それは要求する愛であり、応えられなければ不平不満、恨みになります。条件付き愛であるがゆえに、条件が失われれば愛も消えます。「真の愛」は人を生かしますが、「偽りの愛」は人を殺します。同じ愛でも目的と方向性、結実が百八十度違うのです。こうして、人間始祖の堕落は、「偽りの愛」を血統的に受け継がせてしまいました。

生命よりも貴く、愛よりも重要なものが血統です。なぜなら、血統は永遠に残るからです。それゆえ神は、「取って食べると死ぬ」と教えたのです。このように、人類が抱えるあらゆる悪と不幸の根源は、「血統問題」なのです。

二〇〇〇年前に来られたイエス・キリストは、この秘密を知っていました。

「あなたがたは自分の父、すなわち、悪魔から出てきた者であって、その父の欲望どおりを行おうと思っている。……彼は偽り者であり、偽りの父であるからだ」（ヨハネによる福音書八章44節）

「あなたがたもまた先祖たちがした悪の枡目《ますめ》を満たすがよい。へびよ、まむしの子らよ、どうして地獄の刑罰をのがれることができようか」（マタイによる福音書二三章32—33節）

こうした聖書の言葉は、血統の問題の原因を知らなければ、決して言えないことなのです。

②堕落性本性

天使長が神に反逆し、エバと不倫なる血縁関係を結ぶ過程で、神の創造本性とは異なる悪なる性質が生じました。この悪なる性質はアダムも受け継いで、そして堕落人間の本性のように血統を通じて、子孫である全人類に受け継がれてきました。これを「堕落性本性」と言います。これが人間のあらゆる罪を生み出す根本的性質となったのです。

天使長は、神と同じ立場で人間を愛し、彼らの成長を喜ぶべき立場にいました。しかし、嫉妬してしまったのです。ここにおいて「神と同じ立場に立てない」という堕落性本性が生じました。それが嫉妬心であり、人を愛せない心であり、人に良いことがあったとき、「良かったね」と素直に祝福してあげられない心です。人の不幸を喜ぶような卑しい心なのです。

また、天使長は自分の位置を離れ、人間の位置を奪いました。ここに「自己の位置を離れる」という堕落性本性が生じました。浮気するときには家族のことを忘れています。カッとなったときにも我を忘れています。よく「魔が差した」と言いますが、それはサタンが侵入したということです。

さらに、天使長は人間の主管を受ける立場ですが、逆に人間を主管し、支配しようとしました。ここから「主管性を転倒する」という堕落性本性が生じました。それは、親に反抗し、反逆する心であり、自分のほうが偉いという傲慢な心であり、気に入らないものを破壊しようとする心です。

最後に、天使長からエバ、エバからアダムへと罪が繁殖しました。ここに「犯罪行為を繁殖する」という堕落性本性が生じました。徒党を組むと言うように、犯罪者が仲間をつくって次の罪を犯そうとする心です。自分の行動の結果に責任を持たず、自己正当化し、責任転嫁しようとする心です。

こうした心の性質は何一つ、幸福に結びつきません。私たちの人生を不幸へと陥れる、悪なる性質なのです。人間は、この心を克服できないがゆえに、同じ過ちを繰り返してきたのです。

罪と救い

では、どうしたらよいのでしょうか？　こうした人間の堕落の真実を知ったとしても、解決法がなければ、絶望しかありません。しかし、神は救いの道を準備してこられたのです。そこに私たちの希望があるのです。

罪を分類して考えてみると、それは一本の木に例えることができます。

「原罪」とは罪の根です。人間始祖が犯した罪です。そこから先祖代々の罪が生まれました。それが罪の幹である「遺伝的罪」です。そこから連帯的に負う罪として広がったのが、罪の枝に当たる「連帯罪」です。そして罪の葉が「自犯罪」です。ですから、どんなに犯罪者が贖罪《しょくざい》しても、それは葉っぱを一つむしったのと同じで、次から次へと同じような犯罪者が生まれ、一向に解決しないのです。

罪の問題を根本から解決するためには、その根である「原罪」を清算しなければならないのです。

『原理講論』には次のように書かれています。

「原罪は、人間が、その真の父母として来られるメシヤによって重生されるのでなければ、取り除くことはできない」（271ページ）

神は、この問題を解決し、我が子である人類を救い出すために、救いの計画を立てられたのです。それを「復帰摂理」と言います。

メシヤとは人間始祖の立場で来られる方です。神は、アダムとエバが犯した人間始祖の罪を清算するために、人間始祖の立場でそれを清算するメシヤを遣わす計画を立てられたのです。ですから、皆さんの罪の清算、苦しみの解決の道は「メシヤ」という存在にあることを知ってください。

神の摂理をさらに学んでいきましょう。

第4講座

神の人類救援摂理

神の人類救援摂理の始まり

『原理講論』の後編「緒論」のはじめには、このように書かれています。
「復帰摂理とは、堕落した人間に創造目的を完成せしめるために、彼らを創造本然の人間に復帰していく神の摂理をいうのである」（271ページ）

神は人類の真の父母、親です。それゆえ、子供であるアダムとエバが、「取って食べてはならない」（創世記二章17節）という神の戒めを守れず、天使長の偽りの愛に主管されて堕落していった姿を見て、限りなく悲しまれ、泣かれました。もし神が〝親なる神〟でなかったなら、そんな世界はすべて破壊して、もう一度つくれば済むことでしょう。しかし、神は永遠なる愛をもって創造されたがゆえに、ひとたび誕生させた子供を見捨てることができなかったのです。

それで、神は堕落した人間を再び創造理想の姿に戻すと決意され、復帰の摂理（救いの計画）を始められたのです。

復帰原理

堕落によりサタンの偽りの血統を受け継いだ人間は、自らの過ちにより、神の子女の位置を失い、サタンの子女の立場に堕《お》ちてしまいました。そこからもとの位置に復帰することは、無条件ではできません。そして、原理的に戻っていかなければなりません。それで、その原理を「復帰原理」と言い、そのために必要な条件を「蕩減条件」と言います。

その条件は、堕落によって失われたものが何であったのかを明確に知り、それを取り戻すものでなければなりません。そして、その条件は、人間自身が立てなければならないのです。

アダムとエバは、「取って食べてはならない」という戒めのみ言《ことば》を守り、成長期間を全うしなければなりませんでした。このみ言を守って成長期間を全うすることを「信仰基台」と言います。しかし、ふたりが神の戒めを破ったことで、神と人間との関係が切れてしまい、「信仰基台」を失いました。このため堕落人間は神とサタンとの中間位置に立ち、苦しむようになったのです。

これを復帰するためには、堕落と反対の経路を行かなければなりません。

それで、アダムの代わりの中心人物は、「信仰基台」を復帰するための条件を立て、神との関係を回復しなければなりません。それで、歴史や人生のターニングポイント（転換点）には、神を不信させようとする試練が来るのです。それを克服するためには、「信じられないものを信じる」条件が必要です。それゆえに、堕落した人間には、「信仰」が必要になったのです。

また、アダムとエバが人生の目的である真の愛を完成するためには、神との親子の愛という縦的な愛を中心軸として、横的な兄弟姉妹としての愛を育み、子女の愛、兄弟姉妹の愛を体恤《たいじゅつ》して、み言の実体とならなければなりません。これを「実体基台」と言います。

しかし、ふたりが未完成のまま、偽りの愛を中心に夫婦になったことで、「実体基台」を失いました。このため堕落人間は、真の愛で愛せないという思いや疎外感（寂しさ）に苦しんできたのです。

これを復帰するためには、「愛せないものをも愛する」条件を立て、失われた真の愛を回復しなければなりません。それで、歴史や人生のターニングポイントには、愛せない怨《おん》讐《しゅう》が現れるような試練が来るのです。それゆえに、堕落した人間には、「愛する訓練」「愛する努力」が必要になったのです。

こうして、「信仰基台」と「実体基台」を復帰して、「メシヤのための基台」を立て、堕落する前のアダムとエバと同じ位置まで戻ってきた型を備えたうえでメシヤを迎え、まず堕落する前の立場に復帰しなければなりません。

人類歴史は、「メシヤのための基台」を立てるための路程なのです。こうした「蕩減条件」を立てる戦いが人類歴史の中に現れていることがわかれば、神が生きて歴史に働いてこられたことがわかるのです。

アダム家庭における神の摂理

それでは、実際の人類歴史の中に、その足跡をたずねてみましょう。

アダムとエバは、成長し、完成した基台の上で、神の祝福を受けて結婚するはずでした。これを「祝福結婚」といいます。神はその日を楽しみにしておられたのです。しかし、ふたりは堕落して神の心情を踏みにじり、楽園を離れ、神がいないところで結婚しました。それが人類最初の家庭となりました。このため、本来、天国の基地であり、愛の園となるはずの家庭はサタンの侵害を受け、苦しみを味わうところとなってしまったのです。

それでも神はアダム家庭を救おうとされ、復帰の摂理を立てられました。しかし結果として、そうした神の愛と願いがわからず失敗し、アダム家庭は地上の地獄となってしまいます。それが今日の私たちの家庭にまでつながっているのです。

アダムとエバは堕落したとき、サタンの声を聞き入れてしまいました。それ以来、邪心を通じてサタンが働きかけるようになり、人間は「悪魔のささやき」に苦しむようになったのです。それゆえ、アダムは中心人物の立場に立てなくなり、代わりに立てられたのが二人の息子（カインとアベル）でした。

聖書には以下のように書かれています。

「アベルは羊を飼う者となり、カインは土を耕す者となった。日がたって、カインは地の産物を持ってきて、主に供え物とした。アベルもまた、その群れのういごと肥えたものとを持ってきた。主はアベルとその供え物とを顧みられた。しかしカインとその供え物とは顧みられなかったので、カインは大いに憤って、顔を伏せた。そこで主はカインに言われた、『なぜあなたは憤るのですか、なぜ顔を伏せるのですか。正しい事をしているのでしたら、顔をあげたらよいでしょう。もし正しい事をしていないのでしたら、罪が門口に待ち伏せています。それはあなたを慕い求めますが、あなたはそれを治めなければなりません』。

カインは弟アベルに言った、『さあ、野原へ行こう』。彼らが野にいたとき、カインは弟アベルに立ちかかって、これを殺した。……主は言われた、『あなたは何をしたのです。あなたの弟の血の声が土の中からわたしに叫んでいます。今あなたはのろわれてこの土地を離れなければなりません』」（創世記四章2―11節）

長男カインは天使長の立場、次子アベルはアダムの立場に立ち、その位置を蕩減復帰しなければなりませんでした。それゆえ、天使長の立場にあったカインは供え物を受け取ってもらえず、これを恨み、神が信じられなくなり、アベルに嫉妬し、殺意を抱くようになりました。これは天使長がアダムに感じたのと同じ感情です。

もしこのとき、アベルがカインの気持ちに配慮するとともに、カインが神を信じ続け、神の願いを悟って、「信じられないものを信じ」、アベルに嫉妬するのではなく、「愛せないものを愛する」ことができれば、運命は変わったのです。しかし、カインはそれを悟ることができず、「悪魔のささやき」のままに行動し、アベルを殺害してしまいました。人類最初の家庭で、殺人事件が起きたのです。

こうして、アダム家庭を中心とする復帰摂理は失敗してしまいました。神は、大変悲しまれました。それでも神は人間を捨てることができないために、別の中心人物と家庭を探されたのです。

ノア家庭における神の摂理

次に選ばれたのが、ノアとその家族でした。神はアダムとエバに、死んでしまったアベルの代わりにもう一人の息子、セツを与えました。そのセツの子孫、アダムから十代の後に生まれたのがノアでした。神は約一六〇〇年という気が遠くなるような年月を忍耐して復帰摂理を準備されたのです。

ノアといえば、「ノアの箱舟」や「ノアの大洪水」として知っている人も多いと思います。聖書には、次のような物語が出てきます。

「神はノアに言われた、『わたしは、すべての人を絶やそうと決心した。彼らは地を暴虐で満たしたから、わたしは彼らを地とともに滅ぼそう。あなたは、いとすぎの木で箱舟を造り、箱舟の中にへやを設け、アスファルトでそのうちそとを塗りなさい。……わたしは地の上に洪水を送って、命の息のある肉なるものを、みな天の下から滅ぼし去る。地にあるものは、みな死に絶えるであろう。……』。ノアはすべて神の命じられたようにした。……天の窓が開けて、雨は四十日四十夜、地に降り注いだ。……鳥も家畜も獣も、地に群がるすべての這《は》うものも、すべての人もみな滅びた」（創世記六章13節―七章21節）

アダムの子孫は、神を信じない群れとなり、「地を暴虐で満たし」ました。それゆえに神は彼らを滅ぼすために「洪水審判」を起こすとノアに打ち明け、箱舟を造るようにと言われました。ノアは善なる人であり、信仰深い人であったので、神の声に従って箱舟造りを始めました。

神はその寸法まで定めておられました。それによると、船の全長は一三〇メートル以上です。ちなみに、二〇一八年九月の台風で関西国際空港の連絡橋に激突したタンカーの全長が八十九メートルですから、箱舟がいかに大きなものだったかがわかります。結局、箱舟の完成には一二〇年もの年月を要したのです。

ノアは、神との約束を守り、「信じられないものを信じる」条件を立てて、「信仰基台」を復帰したのです。

その間、ノアは箱舟を造っていただけではありません。洪水審判があることを人々に伝え、罪を悔い改めさせて箱舟に乗せて救おうと、必死に働きかけていたのです。しかしながら、ノアは狂人呼ばわりされ、嘲笑、罵倒を受けて、誰からも信じてもらえませんでした。結局、ノアの家族八人だけ（ペテロ第一の手紙三章20節参照）が箱舟に乗り、あとは動物たちをつがいで乗せたのでした。

最近になって、オランダで聖書のとおりに箱舟を再現した人がいるのですが、それは一万人が入れる大きさだそうです。神がいかに多くの人々を救おうとされたかがわかります。ノアの家族や動物たちが箱舟に乗り終わると、間もなく雨が降り出しました。その雨は、四十日間降り続き、洪水となり、すべての陸地の生き物は息絶えてしまいました。一五〇日にもわたる漂流ののち、やがて水が引きました。ノアは、新天地に上陸し、新しい生活を始めました。

次に、「実体基台」の復帰をかけた、重要な局面がやってきました。聖書には、次のような物語が出てきます。

「ノアは農夫となり、ぶどう畑をつくり始めたが、彼はぶどう酒を飲んで酔い、天幕の中で裸になっていた。カナンの父ハムは父の裸を見て、外にいるふたりの兄弟に告げた。セムとヤペテとは着物を取って、肩にかけ、うしろ向きに歩み寄って、父の裸をおおい、顔をそむけて父の裸を見なかった。やがてノアは酔いがさめて、末の子が彼にした事を知ったとき、彼は言った、『カナンはのろわれよ。彼はしもべのしもべとなって、その兄弟たちに仕える』」（創世記九章20―25節）

アダム家庭のカインとアベルの関係を蕩減復帰する立場にあったのが、ノア家庭のセムとハムでした。つまり、アベルの立場に立つべきだったのはハムでした。

ハムがアベルの立場に立つためには、父ノアの立てた「信仰基台」を相続しなければなりません。そのためには、父子の心情一体化の条件が必要でした。そのポイントは女性、つまりノアの妻でありハムの母である女性にありました。家庭の中における女性には、息子の心をその父、つまり夫の心につなげる役割があるのです。これを「母子協助」と言います。

アダムとエバは、堕落したとき、裸が恥ずかしくなって腰（恥部）を隠しましたが、それは神との心情関係が断絶したことを意味していました。それで、同じような場面がノア家庭にも現れたのです。ノアの裸を息子のハムが恥ずかしく思って批判したということは、二人の心情が一体化しておらず、父を不信の目で見たことを表していたのです。

その一体化の鍵となるはずだったノアの妻の名前は、聖書にはありません。それは「母子協助」に失敗したことを意味しているのです。

実は、ノアが神の啓示に従って箱舟を造り始めたとき、妻も最初は弁当を作るなどして助けていたのですが、あまりにも時間がかかったので、次第に家庭を顧みない夫が理解できなくなったのです。それで子供たちに、夫に対する不満を言うようになりました。

その結果、子供たちの父親像がゆがんでいき、父を不信するようになりました。それで、ハムは父を尊敬できずにいたのです。神の前では信仰者であったノアも、家庭の中では信じられていなかったということです。そこにサタンが侵入しました。

こうして、ノアの信仰はハムに受け継がれず、ノア家庭を中心とした神の復帰摂理は失敗に帰してしまいました。

神は、それでも復帰を諦めることができないがゆえに、また別の中心人物と家庭を探されたのです。

アブラハム家庭における神の摂理

神が次に見いだされたのが、アブラハムとその家族でした。神はアブラハム（アブラム）

に牛と羊と鳩《はと》の三種の供え物を捧げるように言われました。

「彼はこれらをみな連れてきて、二つに裂き、裂いたものを互いに向かい合わせて置いた。ただし、鳥は裂かなかった。荒い鳥が死体の上に降りるとき、アブラムはこれを追い払った。日の入るころ、アブラムが深い眠りにおそわれた時、大きな恐ろしい暗やみが彼に臨んだ。……『……あなたの子孫は他の国に旅びととなって、その人々に仕え、その人々は彼らを四百年の間、悩ますでしょう』」（創世記一五章10―13節）

アブラハムは雌牛と羊は裂いて供えましたが、鳩を裂きませんでした。これによって、サタンに条件を奪われてしまいました。供え物を二つに裂くのは、善悪に分立することを意味していたのです。

アブラハム家庭は、アダム家庭、ノア家庭に次いで神の摂理を担う、三番目の家庭として立てられました。神の摂理は三段階で完結しなければならない原則があったがゆえに、神は供え物に失敗したアブラハムの家庭をもう一度立てざるをえませんでした。そのためには、より大きな蕩滅条件が必要になりました。

アブラハムとサラの夫婦には、長い間子供がいませんでした。しかし、晩年になって神から男の子を授かりました。それが息子のイサクです。アブラハムはイサクを目に入れても痛くないほど愛していました。イサクはとても利発で親孝行な息子に育ちました。信じがたいことに、神はそのイサクを供え物として捧げるようにと言われたのです。「あなたの愛するひとり子イサクを連れてモリヤの地に行き、わたしが示す山で彼を燔《はん》祭《さい》としてささげなさい」（創世記二二章2節）

アブラハムは朝早く起きて、イサクを連れ、神が示された所に出かけました。そして「三日目に、アブラハムは目をあげて、はるかにその場所を見た」（創世記二二章4節）と書かれています。

アブラハムは三日三晩悩み苦しみ、祈りました。そして「その場所を見た」ということは、神が捧げよと言ったモリヤ山の頂上を見たということです。つまり、イサクを供え物とすることを決意したのです。

「アブラハムは燔祭のたきぎを取って、その子イサクに負わせ、手に火と刃物とを執って、ふたり一緒に行った。……イサクは父アブラハムに言った、……『火とたきぎとはありますが、燔祭の小羊はどこにありますか』。アブラハムは言った、『子よ、神みずから燔祭の小羊を備えてくださるであろう』」（創世記二二章6―8節）

利発なイサクは、父の深刻なようすから、自分が供え物だと悟ったようです。イサクはそれを静かに受け止め、一緒に山を登っていきました。そして、アブラハムは祭壇を築き、薪を並べ、その上にイサクを載せました。イサクは「それが神のみ意《こころ》ならどうぞ」と言わんばかりに、その命を神と父に委ねたのです。

アブラハムが刃物を執ってその子を殺そうとした時、天使が彼を止めました。

「『アブラハムよ、アブラハムよ』。……『わらべを手にかけてはならない。また何も彼にしてはならない。あなたの子、あなたのひとり子をさえ、わたしのために惜しまないので、あなたが神を恐れる者であることをわたしは今知った』」（創世記二二章11―12節）

イサクを捧げるアブラハム（ローラン・ド・ラ・イール画）

神はイサクを殺したかったわけではなかったのです。供え物の失敗によって侵入したサタンを分立する条件を立てさせようとしたのです。そこには人類の救いが懸かっていたのです。

その後、アブラハムとイサクは、近くのやぶに角を引っ掛けて動けなくなっている羊を見つけ、イサクの代わりに供え物として捧げました。こうして、アブラハムは「イサク献祭」に勝利したのです。

ノア家庭と違ってアブラハム家庭では、息子イサクは父アブラハムを、自分の命を委ねるほど信じました。その背後には、妻サラが「母子協助」した条件があったのです。サラは夫アブラハムを最後まで信じました。それゆえ、この家庭はイサク献祭に勝利することができたのです。

ヤコブの勝利

アブラハムが三種の供え物に失敗したため、実体献祭の摂理は、イサクの息子たちであるエサウとヤコブに移行しました。二人はカインとアベルの失敗を蕩減復帰するため、兄エサウは弟ヤコブに嫉妬し、殺したくなるような立場に立たされました。

年老いた父イサクは家督（長子権）を兄エサウではなく、弟ヤコブに与えたのです。エサウは家督を軽んじていました。しかしエサウは、父がヤコブを祝福したのを知ると、嫉妬に駆られ、弟を殺そうと思ったのです。

しかし、母リベカは賢い人であったため、これを察知し、ヤコブを自らの兄ラバンのところに逃がしました。しかしラバンは甥《おい》であるヤコブを僕《しもべ》のように扱ったため、異郷の地でヤコブは大変な苦労をします。それでもヤコブは神を信じ、信仰と知恵で試練を克服し、結婚して家族をつくってたくましく生きていったのです。こうして二十一年がたったとき、神はヤコブに故郷に帰るように命じたのです。

しかし、時が過ぎても兄の怒りは解けていませんでした。弟が帰ってくると聞いたエサウは、四〇〇人を率いて待ち構えていたのです。ヤコブはどのようにしてこれを克服したのでしょうか。

「（ヤコブは）七たび身を地にかがめて、兄に近づいた。するとエサウは走ってきて迎え、彼を抱き、そのくびをかかえて口づけし、共に泣いた。……『どうか、私の手から贈り物を受けてください。あなたが喜んでわたしを迎えてくださるので、あなたの顔を見て、神の顔を見るように思います』」（創世記三三章３―10節）

ヤコブは二十一年間苦労して築いた財を兄に贈ったのです。こうして兄の怒りが解け、二人は和解したのです。

ここに復帰の重要なポイントがあります。ヤコブは「愛せないものを愛した」のです。

怨讐《おんしゅう》に愛で打ち勝ったのです。これを「愛による自然屈伏」と言います。

神の摂理はサタンとの闘いです。そのサタンは人の心の中に「恨み」の思いを通じて侵入してきます。恨みに負けて人を憎み、争えば、また新たな恨みが生じるだけです。ですから、自分の心の中の恨みを克服し、それに勝たない限り、サタンに勝つことはできないのです。

ヤコブは、怨讐である兄エサウと戦わず、自分の心の中のサタンと闘い、勝利したのです。この事実が、人類歴史を変えました。ヤコブは「実体基台」に勝利したのです。このため、「メシヤのための基台」が造成され、メシヤを迎えることができる条件を勝ち取ったのです。

こうして、ヤコブの後孫であるイスラエル民族の中に約二〇〇〇年後に現れた一人の人物が世界を変えるのです。その方が、イエス・キリストです。イエスこそが、人類の救いの鍵を持って来られたメシヤだったのです。

第5講座
救世主イエスの真実

メシヤと呼ばれた人

今から二〇〇〇年前、「救世主（メシヤ）」と呼ばれた人がいました。その方が「イエス・キリスト」です。イエスは名前で、キリストは救世主という意味です。この方は三十三歳という若さで、十字架の極刑で悲惨な死を遂げました。しかし、その方の誕生は西暦の紀元となり、その短い生涯における教えと生き様は、後にキリスト教という宗教に結実しました。今日、キリスト教は、民族、人種、国境を超えて、世界で二十数億人の信徒を持つ、世界最大の宗派となっています。

イエス以来、「この方こそメシヤである」と世界の多くの人々が認めた人物は現れていませんでした。そんな方が、なぜ極悪人として裁かれ、極刑を受けたのでしょうか？　メシヤとはどんな使命を持った方なのでしょうか？

「新約聖書」の記述に基づいてイエスの生涯をたどりながら、「統一原理」によって新たに解明された、「イエス・キリストの真実」を明らかにしていきます。

イエスは両親から愛を受けられずに育った

イエス・キリストと言えば、愛の人格者として、愛の教えが有名です。それゆえ、幼い頃から理想的な両親の元で、たくさんの愛を受けて育ったに違いないと思っている人も多いことでしょう。しかし、事実はそうではありませんでした。

イエスの母マリヤは、婚約中におなかが大きくなります。驚いたのは婚約者のヨセフでした。身に覚えがなかったからです。ユダヤ教の教えは、血統を守るために男女関係に厳格です。その教えを破れば、「石打ちの刑」で殺されました。

それでヨセフはひそかにマリヤを離縁しようとしました。ところが天使が夢に現れて、「心配しないでマリヤを妻として迎えるがよい。その胎内に宿っているものは聖霊によるのである。……彼は、おのれの民をそのもろもろの罪から救う者となる」（マタイによる福音書一章20～21節）という驚くべきお告げをしたのです。

その後、住民登録のために先祖の町に帰郷する旅の途中でマリヤが産気づき、馬小屋でイエスを出産しました。それはつまり、歓迎されて生まれたわけではないという話なのです。ヨセフがイエスの誕生を心待ちにしていたのではなかったことがわかります。

その後、ヨセフとマリヤの間には何人かの子供が生まれ、イエスは家の中で居場所がなくなりました。また外では、いつしか「私生児」として白い目で見られるようになりました。こうしてイエスは、寂しい幼少時代を送ったのです。聖書の中に、「きつねには穴があり、空の鳥には巣がある。しかし、人の子にはまくらする所がない」（マタイによる福音書八章20節）とあるように、イエスには安心して眠る場所すらありませんでした。こうした孤独の絶頂の中で、動物や草花、星などの自然を友としたのです。

イエスは神に祈り、自分の孤独な環境について訴えました。祈っているうちに、イエスは「このような環境に立たされた自分を見て、いちばん悲しく、寂しく思っているのは神ではないか？」と気がついたのです。それから、イエスの心は転換されます。「自分がかわいそうな神の友となってさしあげよう。そして、神を孤独から解放してさしあげよう」。

それがメシヤの使命の自覚を深める原点になったのです。「メシヤ」とは、人を救うとともに神をも解放しようとする方です。人の心は変わります。救おうとしても信じず、誤解し、裏切ります。実際、イエスもそういう目に遭ってきました。それでも最後まで変わらなかったのは、人のために生きる以上に、神のために生きたからなのです。

天使長ルーシェルは、愛の減少感の絶頂で自己中心的になり、神に敵対するサタンとなりました。しかし、イエスは、愛の減少感を感じざるを得ないような試練の絶頂において、神を慰めていったのです。

イエスは結婚し、家庭を持ちたかった

イエスは、実は結婚したかったと言えば、驚く人もいるでしょう。しかし、これからの話を知れば、理解できると思います。

イエスは、祈りを通じて人間に対する神の願いが三大祝福の実現にあることを知りました。そして、それを実現できない理由が人間の堕落の問題にあることを知ったのです。

「あなたがたもまた先祖たちがした悪の枡目《ますめ》を満たすがよい。へびよ、まむしの子らよ、どうして地獄の刑罰をのがれることができようか」（マタイによる福音書二三章32―33節）

堕落した人間の親は神ではなく、ヘビすなわちサタンだというのです。そして、堕落が血統問題であったがゆえに、「悪の枡目」を一つ一つ埋めていくように、先祖たちと同じ過ちを繰り返して生きているというのです。これは、人間堕落の原因と結果を知らなければ言えないことです。

そして、「罪の奴隷」となった人間を地獄圏から救う方法も語っています。「だれでも新しく生《うま》れなければ、神の国を見ることはできない」（ヨハネによる福音書三章3節）

「新しく生まれる」――これこそ救いの要諦なのです。神が立てられた救いの計画は、アダムとエバの過ちを蕩減復帰（罪の清算）するために、彼らの代わりとなる完成したアダムとエバを地上に立てることです。それがメシヤです。ふたりは神の祝福による結婚（小羊の婚宴）をし、神の愛を相続した夫婦となり、人類の「真の父母」となるのです。そうすれば、人類は真の愛の実体である「真の父母」を通じて生まれ変わることができるのです。これを「重生」と言います。「新しく生まれる」とは、そういう意味なのです。そうして、罪の根である原罪を清算して、神の血統に接ぎ木され、本然の人間の位置を取り戻すことができるのです。このことをイエスは知っていたのです。

人類が抱える根本問題は血統問題であり、それが如実に現れるのが家庭問題です。どこが地獄なのでしょうか？　それは遠いところではなく、自分の家庭が地獄になっているというのです。いちばん愛に溢《あふ》れるべきところに本然の愛がなく、夫婦と親子の問題でみな苦しんでいるのです。それを独身の立場で解決できるかというと、難しいでしょう。愛は一人ではつくれません。ですから、本当の聖人、救世主は、真なる夫婦、真なる父母として来られるのです。

イエスは、神を中心に心身を一つにした人間として成長し、個性完成しました。そうすれば、次に願うのは第二祝福である家庭完成です。それで、「イエスは結婚したかった」のです。それは自分中心の欲望ではなく、人類の真の父母となるためでした。

そのためには、神が第二のエバとして準備していた女性と出会わなければなりません。母マリヤにはイエスの結婚を導く使命があったのです。しかし、マリヤは、天使を通じて啓示を受けたにもかかわらず、イエスに「母子協助」することができませんでした。イエスの結婚に対して真剣に取り組まなかったのです。そのことが聖書に出てくる「カナの婚礼」という話に描かれています。

「ガリラヤのカナに婚礼があって、イエスの母がそこにいた。……ぶどう酒がなくなったので、母はイエスに言った、『ぶどう酒がなくなってしまいました』。イエスは母に言われた、『婦人よ、あなたは、わたしと、なんの係わりがありますか。わたしの時は、まだきていません』」（ヨハネによる福音書二章１―４節）

母マリヤは、イエスの結婚はそっちのけで、他の人の結婚式を熱心に手伝っていました。

それをイエスにも手伝わせようとしたとき、イエスの思いが爆発したのです。

イエスはマリヤに、「自分が結婚しなければならない」と何度も訴えましたが、真剣に取り合ってもらえませんでした。そして、三十歳になった時、イエスは家を出ました。親族がイエスを支える基盤にならなかったからです。

イエスの時代に地上に天国を創る神の計画があった

神がメシヤを送られたのは、その一時代に人類全体を救い、三大祝福を実現して、神の国をつくるためでした。その時代圏を迎えるために、神は数千年の歴史をかけて準備していたのです。

神はメシヤを迎えるための特別な民族として、「選民」を準備しました。彼らは、「我々イスラエル民族の使命はメシヤをお迎えすることだ」という選民思想を持っていました。彼らは「実体神殿としてのメシヤを王の王として迎える」という実体神殿理想を成就しなければなりませんでした。

しかし当時のユダヤは、強大なローマ帝国の属国になっていました。ローマ帝国といえば、「すべての道はローマに通ず」と言われるように、地中海を中心に世界的な道路網をつくり上げ、情報と経済、そして強大な軍事力で世界の覇権を握っていました。

また、その当時の世界を見ると、紀元前五〇〇年前後の同時期に、インドでは釈迦牟尼《しゃかむに》、中国では孔子によって、それぞれ仏教、儒教による精神文明の華が開いていました。

これは、イエスが来られた一時代に、メシヤがもたらす真理と真の愛を中心に、東洋の精神文明とローマの物質文明が、心と体のように一つになって、「統一世界」をつくるための環境を、神が準備されていたということなのです。

その成否は、ユダヤ教の指導者たちがイエスをメシヤとして受け入れるか否かにかかっていました。彼らは名門家系の出身で、高い学識を持った宗教者です。何より旧約聖書を基準にした厳格な戒律を守ることに使命感を持っていました。

それに対し、彼らの前に現れたイエスは無学に見える若者でした。貧しい大工の息子であり、ナザレで暮らす田舎者でした。しかも、私生児のうわさまでありました。

指導者たちが厳格に信仰を守ってきたのは、メシヤが誰であるかを見抜くためでもあったはずです。しかし彼らは、イエスを外見やうわさで判断して見下しました。イエスが自分たちも知らない新しい真理を語っているのに、それを悟れず、謙虚に受け入れませんでした。イエスが罪を指摘すると、悔い改めようとせず、覆い隠そうとしました。そして、自分たちが下した宗教的判断を基に、何も知らない民衆に、「イエスは偽メシヤだ」と吹き込んだのです。

神が人間の罪を明らかにするのは、裁くことが目的なのではありません。罪を認め、悔い改めることを条件に赦《ゆる》すためです。それでイエスは、「悔い改めよ、天国は近づいた」（マタイによる福音書四章17節）と言ったのです。しかし、彼らは罪が暴かれるのを恐れ、光を闇に戻すために、光であるイエスを抹殺しようとしたのです。

もし、ユダヤ教の指導者がイエスをメシヤ、王の王として迎え、民衆にも正しく証していたなら、すべての人々が受け入れていたことでしょう。しかし、彼らがイエスを不信したことにより、神が数千年かけて準備した復帰摂理が失敗してしまったのです。

こうして都を追われたイエスは、ガリラヤ湖畔に現れました。そこにいたのは、貧しい漁師や無学な人々、そして売春婦や取税人などでした。イエスはその人々を愛し尽くして、メシヤだと信じさせ、もう一度、都に上がって摂理を取り戻そうとしたのです。これが第二次摂理です。

ガリラヤで出会ったのが、イエスの三弟子となったペテロ、ヤコブ、ヨハネでした。ペテロは漁師で、魚が捕れないでいたところにイエスが現れ、「沖へこぎ出し、網をおろして漁をしてみなさい」（ルカによる福音書五章４節）と言われたので、そのとおりにしてみると大漁になったのです。それで、イエスに従ってきたのでした。

聖書には、イエスが、らい病患者を癒やしたり、盲人を見えるようにしてあげたという話や、弟ラザロが死んで嘆いている姉を憐《あわ》れみ、生き返らせてあげた話など、数々の奇跡が綴《つづ》られています。

イエスはそのように目に見える形で、無学な人々にも神の業を伝え、自らをメシヤだと信じさせたのでした。そうして十二弟子が立てられ、そこから七十二人門徒となり、数千人がつき従うようになっていきました。

聖書には数多くのイエスの教えが記録されていますが、その後の世界を変えた代表的な教えが「ゆるしの愛」の教えです。

「『隣り人を愛し、敵を憎め』と言われていたことは、あなたがたの聞いているところである。しかし、わたしはあなたがたに言う。敵を愛し、迫害する者のために祈れ」（マタイによる福音書五章43―44節）

怨讐《おんしゅう》の連鎖を断ち切るために、イエスは親の心で人々の罪を赦すことを教え、それを見せてくださったのです。

イエスは十字架にかかることを願っていなかった

これもまた、驚くことかもしれません。なぜなら、キリスト教会では、「イエスは私の罪を背負って死んでくださったがゆえに、私の罪が赦された。イエスは十字架で死ぬために来られた方である」と教えているからです。だからシンボルが十字架なのです。しかし、真実は違うところにあったのです。

急速に発展していくイエスの団体を恐れ、嫌ったのが、当時のユダヤ教の指導者たちです。彼らは真実を知ろうともせず、権力を行使して弾圧を始めました。イエスを慕ってついてきた数千人の人々は、自分に危害が及びそうになると、たちまち雲散霧消してしまいました。七十二人門徒も離散し、ついに十二弟子の中からも裏切り者が出ました。それがイスカリオテのユダです。

ユダは十二弟子の中で学識がある人だったと言われていますが、結局、イエスを不信してしまいます。そして、イエスを捕まえようと捜していた指導者たちのところへ行き、銀貨三十枚と引き換えにイエスを引き渡す約束をしてしまったのです。文字どおり、イエスを「売った」のでした。

しかし、すでにそのことを察知していたイエスは、「最後の晩餐《ばんさん》」の席で不思議な行動を取ります。「水をたらいに入れて、弟子たちの足を洗い、腰に巻いた手ぬぐいでふき始められた」（ヨハネによる福音書一三章５節）のです。第一弟子のペテロの番になると、彼は驚き、恐縮して、「わたしの足を決して洗わないで下さい」（同８節）と言います。するとイエスはこう答えるのです。「もしわたしがあなたの足を洗わないなら、あなたはわたしとなんの係わりもなくなる」（同）

この行動にはイエスのある重要なメッセージが込められています。普通、目上の人が目下の人の足を洗うことはしません。しかし、目上の人が目下の人に僕《しもべ》のように尽くす関係が世の中で一つだけあります。それは「親子の関係」です。イエスは、「私が親であり、おまえたちが子供であるなら、永遠の関係になれる」と教えたかったのです。イエスは父として、ペテロを息子として愛していたのです。しかし、その親心はペテロに伝わっていませんでした。もし心が通じていたら、イエスには、十字架にかからずに生きて「真の父母」として勝利する道があったのです。

このとき、ペテロはイエスと次のような会話をしていました。
「『主よ、わたしは獄にでも、また死に至るまでも、あなたとご一緒に行く覚悟です』。するとイエスが言われた、『ペテロよ、あなたに言っておく。きょう、鶏が鳴くまでに、あなたは三度わたしを知らないと言うだろう』」（ルカによる福音書二二章33―34節）

その後、イエスは三弟子をゲッセマネという場所に連れて行き、心を一つにして共に夜を徹して祈るように言いました。そして、「わが父よ、もしできることでしたらどうか、この杯をわたしから過ぎ去らせてください」（マタイによる福音書二六章39節）と必死に祈りました。それはすなわち、「十字架ではなく生きて勝利する道はないか」と神に祈っているのです。それは命を惜しむからではなく、「生きて神の願いを果たし、人類に救いの道を開いてあげたい」という思いからだったのです。

そのとき、人類を代表していたのが目の前の三弟子でした。しかし、彼らにはそのイエスの必死なる気持ちがわかりませんでした。イエスが「目を覚ましていなさい」と三度も諭《さと》しますが、彼らは睡魔に勝てませんでした。

こうしてイエスを支える「メシヤのための基台」は崩れ、イエスが十字架にかかることが決定したのです。

そこへ兵卒らを連れたイスカリオテのユダがやってきて、イエスは逮捕されました。そのあとをついていったペテロは、大祭司の中庭で人々から、「おまえも仲間だろう」と追及されると、そのたびに「あなたが何を言っているのか、わからない」「そんな人は知らない」「その人のことは何も知らない」（マタイによる福音書二六章70―74節）と、三度否定したのです。するとすぐ鶏が鳴きました。ペテロはイエスの言葉、「鶏が鳴く前に、あなたは三度わたしを知らないと言うだろう」を思い出し、激しく泣いたのでした。ペテロはイエスをメシヤだと信じ、命を懸けて守るほど大切な人だとわかっていました。それでも裏切ってしまったのです。自分を守りたい弱さゆえに、大切な人を見捨てたのです。

こうしてイエスは裁判にかけられました。そこにユダヤの群衆が集まってきました。「彼らはいっせいに『十字架につけよ』と言った。しかし、（総督）ピラトは言った、『あの人は、いったいどんな悪事をしたのか』。すると彼らはいっそう激しく叫んで、『十字架につけよ』と言った。ピラトは手のつけようがなく、かえって暴動になりそうなのを見て、水を取り、群衆の前で手を洗って言った、『この人の血について、わたしには責任がない。おまえたちが自分で始末をするがよい』。すると、群衆全体が答えて言った、『その血の責任は、われわれとわれわれの子孫の上にかかってもよい』」（マタイによる福音書二七章22―25節）

ユダヤの群衆は、「責任が子孫にかかってもよい」とまで言っています。その後の歴史において、ユダヤ人は国を失って流浪の民となり、「ユダヤ人」というだけで、世界各地で迫害されるようになりました。

彼らはなぜそこまでヒステリックになったのでしょうか？　それは、指導者たちがイエスを「偽メシヤ」であると扇動したためです。メシヤを迎えることを民族の使命としている彼らにとって、「偽メシヤ」は最も許しがたい極悪人であり、民族の裏切り者だったのです。

イエスは十字架にかけられる前に、むちで打たれました。そのむちは、先が三つか四つに分かれており、鋭利な動物の骨や鉛が埋め込まれていました。イエスの体は、十字架にかかる前にすでに切り裂かれ、裂傷と打撲でボロボロになっていたはずです。

深く傷ついた心に傷だらけの体。心身両面の激痛の中で、イエスは十字架に朝の九時から三時まで、六時間さらされ、さげすまれながら息をひきとり、その後脇腹をやりで突き刺されました。

十字架の刑――。それは、人類が考えついた処刑方法の中で、最大の苦痛を長時間与え続けることができる、最も残酷な刑だと言われています。

しかし、その苦痛の絶頂でイエスが残した一つの言葉が、世界を変えたのです。

「父よ、彼らをおゆるしください。彼らは何をしているのか、わからずにいるのです」（ルカによる福音書二三章34節）

するとそれを見ていた百卒長がこう言いました。

「まことに、この人は神の子であった」（マルコによる福音書一五章39節）

キリストの磔刑（アンドレア・マンテーニャ画）

百卒長というのは、ローマ兵の百人隊を率いる隊長です。彼はそれまでに何人もの極悪人を処刑してきました。その経験から、彼らが必ず恨みの言葉を吐きながら死んでいくことを知っていました。それで、悪人の中の悪人と言われたイエスが、どんな暴言を吐きながら死んでいくかを見ていたのです。

しかし、苦しみの絶頂で放たれた一言は彼の心を打ちました。私心なく、神と民に向けられた真の愛の言葉に衝撃を受けたのです。それで、「この人は本当に神の子メシヤであった」と証《あか》したのです。

イエスのなきがらは、三日目に墓から姿を消しました。そして、弟子たちの中に、「イエスに会った」という者たちが現れました。もちろん肉身はありませんから、霊人体で現れたということです。

こうして復活したイエスは、十二弟子を再び集めました。その後、イエスは天に昇っていかれるのですが、そのとき、天使たちが「あなたがたが見たのと同じ有様で、またおいでになるであろう」（使徒行伝一章11節）と告げました。これが再臨の預言です。それでクリスチャンたちは、「主よ、来たりませ」と讃美歌を歌いながら祈り、二〇〇〇年もの間、再臨主が来られる、その日その時を待ち望み続けてきたのです。

イエスはもう一度来られる

イエスは十字架上で命を奪われ、肉身を失いました。しかし、裏切られても見捨てられても変わらない真の愛のゆえに、イエスは三日目に復活することができたのです。イエスは最後まで人類に対して親の心情をもった方であったのです。それが将来、霊肉共の「真の父母」となるために再臨することのできる条件となったのです。

イエスは三日目に復活し、四十日間にわたって弟子に現れ、昇天しますが、やがて「聖霊」が降臨します。イエスと聖霊は霊的真の父母になったのです。それで、クリスチャンたちは、イエスと同じくらい聖霊を慕ってきたのです。

イエスと聖霊の愛を信じた人たちは、霊的にのみ重生されました。しかし、イエスは結婚をして家庭を持つことができず、霊肉共の「真の父母」になることができなかったがゆえに、人類をサタンの血統から神の血統に生み変えることができませんでした。それゆえ、十字架の救いの後も人類は「血統問題」に苦しみ続けざるをえなかったのです。

それゆえ、イエスは、「もう一度来る」と言われたのです。

それは、肉身を持って地上に再臨され、「小羊の婚宴」をして人類の「真の父母」となり、神の愛によって人類を霊肉共に重生し、サタンの血統から解放し、救いの目的を成就する道を開くためです。「再臨主」こそ、私たちの救いの鍵なのです。

では、イエスは一体、いつ、どこに再臨されるのでしょうか？

第6講座

歴史の同時性とイエスの再臨

歴史は繰り返す

歴史学者たちは、人類歴史や文明を研究することにより、歴史が「繰り返す」ことに気づきました。イギリスの歴史学者アーノルド・トインビーは、それを「歴史の同時性」と表現し、「歴史は現在に生きている」と言いました。しかし、なぜ歴史が繰り返すのか、何を基準として繰り返すのかということまではわかりませんでした。

「統一原理」では、新しい歴史観を提示しています。それは、神の復帰摂理から見た人類歴史です。神が堕落した人類を救おうとされた、「救い」の成就こそが歴史の目的であり、それは、人類の真の父母である「メシヤ降臨」に懸かっています。その目的を中心に歴史を見ると、どこで、なぜ歴史が繰り返しているのかが見えてきます。そして、歴史の中に生きて働かれる神の存在を知ることができるのです。

歴史には目的がある

アダムとエバが堕落せずに完成していたなら、人類の「真の父母」になっていました。しかし、堕落によって「偽りの父母」になってしまったのです。そこから人類が殖え広がったため、人類歴史は「罪悪歴史」となってしまいました。しかし、わが子である人類を見捨てることができない神は、人類を救済するための摂理を展開されました。これを復帰摂理と言います。

復帰摂理の目的は、アダムとエバの罪を蕩減復帰して、人類の「真の父母」となる、アダムとエバに代わる人間始祖を新たに立てることでした。その方を、人類の側から見れば「メシヤ（救世主）」と言います。つまり、人類歴史の目的はメシヤ、すなわち人類の「真の父母」を迎えることなのです。

神はイスラエル民族を、メシヤを迎えるための「選民」として立てられました。そして、アブラハム、イサク、ヤコブ以降、約二〇〇〇年の苦難の歴史の末に、ついにお迎えした方がイエス・キリストでした。イエスはメシヤとして、また、第二のアダムとして来られた方だったのです。

しかし、当時のユダヤ教指導者たちはイエスの価値がわからず、「偽メシヤ」の烙印《らくいん》を押して十字架の極刑に追いやり、殺害してしまいました。その瞬間、人類歴史はその目的を達成できなかったのです。

神は大変悲しまれました。しかし、それでも人類を見捨てることができませんでした。そんな神の心情を知るイエスが、十字架上で、「父よ、彼らをおゆるしください」（ルカによる福音書二三章34節）ととりなしをされ、サタンが侵入できない立場に立たれたことを条件として、摂理を再始動させたのです。それがメシヤ再降臨のための摂理です。

そのためには、新たな選民を立て、歴史をもう一度やり直さなければなりません。そのために立てられたのがキリスト教徒たちです。キリスト教は二〇〇〇年の苦難の歴史を通過しながら、世界中に広がり、「主よ、来たりませ！」と祈りながら再臨主を待望してきたのです。

ですから、イスラエル民族の二〇〇〇年歴史とキリスト教二〇〇〇年歴史を比べてみれば、そこに歴史の同時性が現れているのです。そしてその事実は、神が生きて人類を救うために働き続けてこられたことを示しているのです。

最初の選民である「イスラエル民族」の歴史は、「旧約聖書」に記録されています。そして、次の選民である「キリスト教徒」の復帰歴史は西洋を土台として成就されてきたので、紀元後の西洋史を見れば、それがわかります。その歴史をたどってみましょう。

イスラエル民族史

イスラエル民族の歴史は、まずアブラハムが召命されて神の祝福を受け、その孫ヤコブが「イスラエル」の名前を受けて始まりました。ヤコブの息子ヨセフがエジプトの宰相となり、その後、一族はエジプトに移住しました。彼らはそこで四〇〇年以上の間、奴隷生活をしたのです。アブラハムが三種の供え物に失敗したときに、「あなたの子孫は他の国に旅びととなって、その人々に仕え、その人々は彼らを四百年の間、悩ますでしょう」（創世記一五章13節）と言われた神の言葉が成就したのです。この期間を「エジプト苦役時代」と言います。

四三〇年がたったとき、イスラエル民族を奴隷生活から解放する人物が現れました。それがモーセです。神はモーセに、イスラエルの民を「出エジプト」させてカナンの地に移住させる使命を与えました。

モーセは、エジプトのパロ王に神がイスラエル民族と共にあることを認めさせ、彼らを導き出しました。途中、紅海が行く手を遮ったとき、モーセが杖《つえ》を海に差し伸べると神の奇跡の力で海が二つに割れて海を渡ることができました。シナイ山では四十日の断食をして、「十戒」の石板を授かり、神のみ言《ことば》を復帰しました。神は、昼は雲の柱、夜は火の柱で民を導いたのでした。そのダイナミックな物語は映画になっています。

こうして、カナンの地に移住した彼らは、「士師」というリーダーを中心に各地域に定住を始めました。これを「士師時代」と言います。

四〇〇年がたった頃、ついに国をつくりました。神の祝福を受けて最初に王になったのがサウル王です。その後、ダビデ王、ソロモン王の時代と続き、イスラエル王国は一二〇年で最盛期を迎えます。彼らは神殿を建設し、メシヤを待望しました。これを「統一王国時代」と言います。

イスラエル民族の歴史には、「預言者」が登場します。神の言葉を預かる者という意味です。王は権力を握ると神のみ言を忘れて傲慢になり、権力を私物化したり、女性問題などを起こしたりしやすくなります。そうすると、国が天運を失い、衰亡するのです。これを戒めるために、神は預言者というメッセンジャーを送ったのです。

イスラエルにおいて、王国は南北に分かれ、国王は預言者と対立し、その後、両国は弱体化していきました。神の戒めを守らなかったとき、国が滅びたのです。弱体化した国は外敵に狙われます。北朝イスラエル王国は、悪政と内乱が続き、結局、アッシリアによって滅ぼされてしまいました。善良な王が続いた南朝ユダ王国もやがて不信仰に陥り、新バビロニアに滅ぼされてしまいました。神殿は破壊され、生き残ったユダヤの民たちはバビロニアに連行されました。これを「バビロン捕囚」と言います。

彼らは同じ地域に住み、「ユダヤ人」と呼ばれるようになりました。この、王朝の南北分裂から滅亡までの約四〇〇年間を「南北王朝分立時代」と言います。

「バビロン捕囚」から七十年が過ぎた頃、新バビロニアがペルシャに滅ぼされます。ペルシャのクロス王は、捕囚の民を解放します。ユダヤ人と呼ばれるようになった彼らは、さらに一四〇年の年月を経てエルサレムに帰還しました。故郷に帰ってみると、そこにあったのは破壊された神殿、荒廃した国土でした。帰還した民はこれらを再建していきました。この二一〇年の期間を「ユダヤ民族捕虜および帰還時代」と言います。

国を再興するイスラエル民族の前に、マラキという預言者が現れました。「わたしはあなたがたを愛した」（マラキ書一章2節）という神のメッセージを聞いて民は悔い改めました。彼らは律法を学び直し、「ユダヤ教」を刷新し、信仰を取り戻しました。彼らは国を立て直し、神殿を再建して、メシヤを待望したのです。そして、マラキの登場から約四〇〇年後に、イエスが来られたのです。この期間を「メシヤ降臨準備時代」と言います。

しかし、こうした苦難の歴史の結実として迎えたメシヤであったにもかかわらず、目の前に現れたイエスの価値を理解することができず、当時のユダヤ民族はイエスを十字架で殺害してしまったのです。神の心痛は量り知れません。ユダヤ人たちはその後二〇〇〇年もの間、国のない流浪の道を行くことになるのです。

天の摂理はキリスト教とその信徒たちに移りました。

キリスト教史

キリスト教の歴史は、イエス・キリストから始まります。イエスを「神の子メシヤ」と確信した人々が、キリスト教徒になっていきました。しかし、ローマ皇帝はイエスをキリストとして侍《はべ》るキリスト教徒を国家的に迫害しました。現在イタリアの観光地として知られる円形闘技場コロッセウムでは、捕らえられたキリスト教徒がライオンの餌食となって殺害されたり、火あぶりの刑で殺害されたりしました。それを民衆は熱狂して見たのです。

キリスト教徒たちはそれでも信仰を捨てず、彼らはカタコンベ（地下墓地）に秘《ひそ》かに集まりながら信仰生活を続けました。

信仰のゆえに命を失うことを「殉教」と言います。正にキリスト教の歴史は殉教の歴史でもあります。

大迫害にもかかわらず、キリスト教徒は増え続けました。三九二年、ローマ皇帝テオドシウス一世はキリスト教を国教として認めました。ついに、迫害され続けてきたクリスチャンが、ローマ帝国をのみ込んだのです。今でもカトリックの最高指導者を「ローマ教皇（法王）」と呼ぶように、ローマの地バチカンはカトリック教会の中心地になっています。この時代を「ローマ帝国迫害時代」と言います。

こうして、ローマを中心に、地中海周辺に五大教区がつくられます。それらの教区長を指導者としてキリスト教がヨーロッパに定着していきました。これを「教区長制キリスト教会時代」と言います。

八〇〇年、フランク王国の国王、チャールズ大帝は、ローマ法王レオ三世により西ローマ皇帝として戴冠されました。「キリスト王国時代」の始まりです。法王と国王が心と体のように一つになっているときは領土が拡大して国が興隆し、王国の最盛期をつくります。しかし、国王が神のみ旨を信奉し得ず、法王と対立するようになると、国は力を失っていきました。

結局、三代でフランク王国は分裂し、東フランク王国（現ドイツ）と、西フランク王国（現フランス）に分かれました。「東西王朝分立時代」の始まりです。

九一九年、カロリング朝が絶えた東フランク王国にヘンリー（ハインリヒ）一世が即位します。その後、ハインリヒ四世の時代には法王グレゴリウス七世の廃位を要求し、逆に一時破門される（カノッサの屈辱）など、法王と国王の対立が激化します。

一〇九六年に、法王庁は、ヨーロッパ諸国に法王の権威を示し、聖地エルサレムをイスラム教から奪還する「聖戦」として「十字軍戦争」を開始しました。その後、約二〇〇年で七回以上の遠征を繰り返しますが、完全に失敗に終わり、法王庁の権威は失墜したのです。

一三〇九年、フランス王フィリップ四世は、法王クレメンス五世のときに法王庁を南フランスのアヴィニョンに移動させました。これは、ユダヤ人のバビロン捕囚になぞらえて、「法王のバビロン捕囚」とも呼ばれ、一三七七年までの約七十年間続きました。法王がローマに帰還した後も混乱は収まらず、ローマとアヴィニョンに法王が存立するという「教会大分裂」となります。やがてはローマ教会を中心とする法王専制に復帰していきますが、この期間を「法王捕虜および帰還時代」と言います。

イスラエル民族史とキリスト教史

法王レオ十世（在位一五一三年〜一五二一年）の時代になると、サン・ピエトロ大聖堂の建築基金を募集するために、死後に救いを受ける贖罪《しょくざい》の札であると宣伝して「免罪符（贖宥状《しょくゆうじょう》）」を売るようになりました。

この弊害に対する反対運動が導火線となって、一五一七年、マルティン・ルターの宗教改革が起こりました。法王庁の信仰の腐敗に対して、「九十五箇条の提題」を発表し、異議を唱えたのです。このルターの宗教改革運動はヨーロッパ全体に広がりました。彼らは「プロテスタント（抗議する人）」と呼ばれ、カトリックに対抗する一大宗派となっていくのです。

ルターは聖書をドイツ語訳し、グーテンベルクが発明した活版印刷の技術によって聖書が印刷されるようになると、誰でも聖書が読めるようになっていきました。一人一人が聖書を研究してキリスト教の信仰の自由を取り戻す運動となり、そこから再臨主を待望する人々が現れるようになりました。

このルターの宗教改革以降が「メシヤ再降臨準備時代」となるのです。

再臨の時

イスラエルの歴史とキリスト教の歴史を比べてみましょう。そこに同時性が現れているのがわかります。

①「エジプト苦役時代」四〇〇年の同時性↓「ローマ帝国迫害時代」三九二年にキリスト教が国教化され、迫害時代が終結。この間、約四〇〇年。

②「士師時代」四〇〇年の同時性↓「教区長制キリスト教会時代」チャールズ大帝の戴冠式が八〇〇年で、三九二年から数えて約四〇〇年。

③「統一王国時代」一二〇年の同時性↓「キリスト王国時代」八〇〇年のチャールズ大帝の戴冠式から九一九年のヘンリー一世即位までが一一九年、つまり約一二〇年。

④「南北王朝分立時代」四〇〇年の同時性↓「東西王朝分立時代」九一九年から一三〇九年の法王の捕囚まで三九〇年、つまり約四〇〇年。

⑤「ユダヤ民族捕虜および帰還時代」二一〇年の同時性↓「法王捕虜および帰還時代」

一三〇九年から一五一七年のルターの宗教改革までが二一八年、つまり約二一〇年。

このように、少しの誤差はありますが、ほぼ同じ年数を経ながら、同じような歴史事象が現れ、繰り返していることがわかります。これは、それぞれの時代を蕩減復帰している現象なのです。

すると、最後の期間はこうなります。

⑥「メシヤ降臨準備時代」四〇〇年の同時性→「メシヤ再降臨準備時代」

イスラエルのマラキ預言者からイエス降臨までの四〇〇年間の「メシヤ降臨準備時代」が、ルターの宗教改革以降の四〇〇年間の「メシヤ再降臨準備時代」に相当します。バビロン捕囚を経たイスラエルが悔い改めて律法を研究し、ユダヤ教を信奉しメシヤ降臨を待望したように、宗教改革運動を通じてクリスチャンが悔い改めて聖書を研究し、信教の自由を立てながら再臨主を待望したのです。

神の摂理歴史には、数理的な同時性があることがわかります。そうであるとすれば、イエスはいつ再臨されるのでしょうか？

キリスト教の数理的な摂理期間を足すと、次のようになります。

「四〇〇＋四〇〇＋一二〇＋四〇〇＋一二〇＋四〇〇＝一九三〇」

つまり、神の摂理歴史は一九三〇年周期で目的に達しているのです。だとすれば、イエスは西暦一九三〇年までに再臨することになります。

それは何を意味しているでしょうか？　そうです、私たちが生きているこの時代にメシヤが再臨されるのです。私たちは再臨のメシヤが来られる時代に生まれ合わせた者たちなのです。それは幸運であると同時に、再臨のメシヤを正しく迎えなければならない使命があるということです。

「イエスの初臨のときと彼の再臨のときとは、摂理的な同時性の時代である。それゆえに、今日のキリスト教を中心として起こっているすべての事情は、イエス当時のユダヤ教を中心として起こったあらゆる事情にごく似かよっている。……今日のキリスト教徒たちも、イエスの初臨のときのユダヤ教徒と同じく、イエスが再臨されるならば、彼らが真っ先に迫害するようになる可能性がある」（『原理講論』５９９ページ）

再臨主はイエスと同じように、世の中から迫害されている可能性があります。私たちは同じ過ちを繰り返してはならないという戒めを持ちながら、再臨主を待ち望まなければならないのです。

再臨の国

では、再臨主はどこに来られるのでしょうか？　再臨主はイエスと同じように肉身を持って来られるので、どこかの民族、どこかの国に来られるはずです。

復帰摂理の観点から考えてみましょう。イエスはローマ帝国を教化し、その強大な力が後ろ盾となって、そのみ言は東洋へと東回りに伝えられて復帰摂理を完結したかったのです。イエスが十字架で殺害されることで、怨讐《おんしゅう》の地ローマを中心として、神の摂理は西回りに動いていき、やがて再臨主は西洋（ローマ）で失ったものを東洋で取り戻そうと、東洋に現れることになるのです。

聖書には次のようなメッセージがあります。

「もうひとりの御使《みつかい》が、生ける神の印を持って、日の出る方から上って来るのを見た」（ヨハネの黙示録七章2節）

「いなずまが東から西にひらめき渡るように、人の子も現れるであろう」（マタイによる福音書二四章27節）

いずれも、「東方」が示されています。イエスは「東方（東洋）の国」に再臨されるのです。古くから「東方の国」とは、日本、韓国、中国の東洋三国をいいます。

では、再臨主は三カ国のうち、どの国に来られるのでしょうか？　重要なポイントは、再臨主はキリスト教の信仰の基台の上に来られるということです。この三カ国のうち、一九三〇年当時、キリスト教が最も盛んな国は韓国です。今は北朝鮮の首都になっている平《ピョン》壌《ヤン》は「東洋のエルサレム」と言われていました。これに対して、日本や中国はキリスト教をなかなか受容せず、キリスト教を迫害してきた歴史があるのです。

したがって、再臨主は「韓国」に降臨されるのです。

韓国である理由

再臨主を迎える国が韓国であるためには、その民族がふさわしい資質や条件を備えていなければなりません。それについて論証してみます。

まず、民族の歴史の中に、民族的な基台と条件がなければなりません。その民族が神の心情に通じるような歴史を通過し、神の心情を理解できる民族であるということです。

韓国の歴史は「苦難の歴史」です。半島で、「アジアの渡り廊下」と言われる地理的条件ゆえに、中国、ロシア、そして日本と、常に外敵から狙われ、侵略を受けてきました。その回数は、四三〇〇年の歴史で九七〇回以上になるといいます。しかし韓国が他国を侵略したことはありません。こうした歴史から、「恨《ハン》」の民族とも言われています。打たれてもただ忍耐してきた歴史を持つ韓民族は、神の心情に通じる民族であると言えるでしょう。

また、韓民族の民族性を見ると、「選民思想」を持っています。血統を重視し、数百年の家系を記録する「族譜」を大切にしています。かつては嫁入りする娘に「銀粧刀《ウンチャンド》」という小刀を持たせる風習がありました。「血統を汚すくらいなら、この刀で自害しなさい」というのです。このように血統を重視するのは、神の血統を重んじることに通じると言えます。

また、少数民族ではありますが、単一民族として言語、服装、食などの固有の文化を持っています。イスラエルによく似ていることがわかります。

さらに、神の摂理から見ると、韓国が神の摂理の終着地であることがわかります。文明の変遷をたどると、エジプト（大陸）→ギリシャ・ローマ（半島）→イギリス（島嶼《とうしょ》）→アメリカ（大陸）→日本（島嶼）→韓国（半島）と、文明の中心が地球を西へ回っているのがわかります。韓国で文明が結実するようになっているのです。

そして現在、韓半島は南北に分断されています。南の大韓民国（韓国）は民主主義国家ですが、北の朝鮮民主主義人民共和国（北朝鮮）は共産主義国家です。これは、再臨主が来られる国は、神が愛する地であると同時にサタンも狙う、「神とサタンの一線」であることを見せているのです。

このような背景から、韓国に再臨主が来られたのです。

再臨主は誰か？

こうして、今の私たちの時代に、韓国の地に再臨主が来られたのです。アダムとエバから始まった、堕落と罪の歴史を清算し、人類を真の愛で生み変えてくださり、苦痛から解放してくださる方がいらっしゃるのです。

メシヤは「真の父母」として来られます。その方こそ、文鮮明《ムンソンミョン》先生・韓鶴子《ハンハクチャ》女史ご夫妻なのです！　このご夫妻こそ、再臨のメシヤ・救世主であり、人類の「真の父母」なのです！

第7講座

救世主 文鮮明先生・韓鶴子女史ご夫妻の歩まれた道

誕生

文鮮明《ムンソンミョン》先生は一九二〇年天暦（陰暦）一月六日に、平安北道《ピョンアンプクト》定州《チョンヂュ》郡に誕生されました。今は北朝鮮の地になっています。文先生がおなかの中に宿られたとき、お母さんは、二頭の黄金の龍が現れて天に昇っていくのを見ました。特別な使命を持って宿られたのです。幼少の頃は「龍明《ヨンミョン》」という名でしたが後に、「鮮明」に改名されました。

韓鶴子《ハンハクチャ》女史は、一九四三年天暦（陰暦）一月六日に、平安南道《ピョンアンナムド》安州《アンヂュ》郡に誕生されました。熱心なクリスチャンであったおばあさんとお母さんによって、幼い頃から信仰的な訓練を受けられ、天の花嫁になるべく準備された方です。

同じ誕生日に隣接する道《ト》（日本で言えば県）にお生まれになったおふたりは、天の導きによって出会われ、人類の「真の父母」の道を歩まれることになります。

文鮮明先生の少年時代

文鮮明先生は、比較的大きな農家の十三人兄弟の次男として生まれました。代々、「無条件に与えて生きなさい」「腹が減った人を絶対手ぶらで帰すな」などの家訓を大切にしている家系でした。文先生は、この家訓から生涯を貫く「平和」を学んだといいます。

文先生は十歳で『論語』をみな読み、十二歳で先生の代わりに書の指導をするなど、幼い頃から天賦の才能が開花していました。自然界に対して非常に強い探究心を持たれ、山野を歩き回り、知らない花や動物がないほどでした。体を鍛えて力も強く、スポーツも得意でした。強い正義心の持ち主で、けんかを見過ごせず、必ず仲裁に入ったそうです。相手が年上でもひるみませんでした。

また、非常に鋭い直観と深い情的世界を持っておられました。小学生のとき、すでにカップルの相性を見て、よく当たることで有名でしたし、幼児期には、一度泣き始めると一日中激しく泣いているので、「一日泣き」と呼ばれるほどでした。

救世主の使命を自覚

文鮮明先生が十歳の頃、祖父の弟である文潤國《ムンユングク》牧師の影響で、一家は全員キリスト教に改宗しました。中学生の頃、家族に、病気などのさまざまな問題が起きました。また、次第にひどくなる日本の圧政と韓民族の悲惨な立場を見つめ、世の中でこのような悲哀がなぜ起こるのか、その答えを真剣に尋ね求めました。

一九三五年四月十七日（文先生15歳）、「復活節（イースター）」を迎える週のことです。近くの山に登って涙を流しながら夜を徹して祈祷していると、明け方になって目の前にイエス・キリストが霊的に現れたのです。

イエスは文少年に、こう告げました。

「苦しんでいる人類のゆえに、神様はあまりにも悲しんでおられます。地上で天のみ旨に対する特別な使命を果たしなさい」

それは、イエスが完全には成し遂げることのできなかった救世主としての使命を継いでほしいというものでした。事の重大さに文少年は躊躇《ちゅうちょ》しましたが、何度も説得され、最後に決意したのです。

これが、文鮮明先生が再臨主としての使命を自覚した瞬間でした。文先生は、生涯この約束を忘れませんでした。

学生時代

一九四一年四月一日（21歳）。文鮮明先生は日本に留学し、早稲田大学附属早稲田高等工学校に入学されました。文先生は、イエスから使命を引き継ぎ、どのようにして人類を救い、神を解放してさしあげるのかという課題を背負いながら、普通の学生とは違う目的に徹して生活をしておられました。

聖書を研究し、深い祈祷をされました。絶頂期には一日に十二時間から十八時間も祈りながら生活をされたのです。涙が床にたまるほど切実に祈られました。それは「壮絶な精神的闘いの茨の道」でした。そして、イエスと出会ってから九年の歳月を費やして、ついに解明されたのが「統一原理」なのです。

また、その期間は救世主としての使命を完遂するための準備期間でもありました。「天宙主管を願う前に自己主管を完成せよ」がスローガンでした。人間は大志を抱いても、三欲に負けて挫折するというのです。三欲とは、睡眠欲、食欲、性欲です。これを主管し、克服できるよう自分を厳しく訓練されたのです。

また、どんな人の心にも通じなければ全人類を救うことができないと考えられ、さまざまな労働と生活を体験されました。川崎の波止場で荷揚げの仕事や鉄工所や造船所で労働をしたり、炭鉱で働いたりされました。あるときは、あえて品川の貧民窟で生活されたといいます。

さらに、抗日独立運動も行っていました。当時日本の支配下にあった韓国を独立させる運動です。当然、日本の特高警察から狙われ、何度も拘束されて「仲間の名前を言え!」と過酷な拷問を受けられました。

しかし、文先生は、韓国と同じく日本も天から特別な使命を授かった国と考えておられ、怨讐《おんしゅう》を超えて日本を愛し続けられました。

神の人類救援摂理

一九四五年八月十五日(25歳)、日本は終戦を迎え、九月二日に第二次世界大戦が終わりました。英米仏の連合国が勝利し、キリスト教国家が世界を主導する時代が到来しました。同年十月に国連が創設され、平和世界を目指します。戦後のこの時こそ、神が準備した歴史的ワンチャンスでした。

国連は、神が再臨主のために準備した世界的舞台でした。国連の理想を成就するためには、克服しなければならない三つの壁がありました。それは、「人種の壁」「宗教の壁」「国境の壁」です。今も国連はこの壁が越えられずにいます。それには、再臨主のもたらす「真理」と「真の愛」が必要なのです。

神は、二〇〇〇年の年月をかけて、再臨主を送ると同時に、世界が一つになる舞台を準備していたのです。当時、韓国は国家的指導者たちの三分の一がクリスチャンであったと言われ、李承晩《イスンマン》大統領もクリスチャンという、しっかりしたキリスト教基盤のある国家になっていました。ですから、韓国のキリスト教指導者が、「文鮮明先生が再臨主である」とわかれば、終戦後三年で国連の舞台に出る道があったのです。そうすれば、戦後七年間で世界が一つになる道があったといいます。そのとき、文先生は三十三歳となり、三十三歳で十字架で亡くなったイエスの恨みを解放するように神が準備していたのです。

キリスト教摂理の失敗

しかし、天の計画は韓国のキリスト教の不信で流れていきました。二〇〇〇年前、メシヤを待望するイスラエル民族の前にイエスが現れたとき、当時のユダヤ教の指導者たちはイエスに「偽メシヤ」のレッテルを貼り、極悪人として十字架の刑に追いやって殺害してしまいましたが、それと同じことが起こったのです。

韓国のキリスト教指導者は再臨主を不信しました。その結果、キリスト教を中心とした神の摂理は失敗してしまいました。このため、再臨主は十字架の道を行くようになってしまったのです。

一九四八年、韓国は南北に分断されてしまいました。サタン側は共産主義という形で現れ、北朝鮮は共産主義国家になってしまいました。その後、共産主義国家であるソ連と中国が台頭します。米ソの軍拡競争が核ミサイル保有競争としてエスカレートし、米ソ冷戦時代に突入しました。世界は核戦争の恐怖におびえるようになったのです。

こうして、神が二〇〇〇年間準備したキリスト教を基盤とする摂理が失敗してしまいました。

興南《フンナム》収容所

一九四八年二月二十二日（28歳）、文鮮明先生は神から啓示を受けて平壌《ピョンヤン》で天のメッセージを伝えていたとき、連行されました。文先生は「社会秩序紊乱罪《びんらん》」（社会の秩序を乱した罪）で、強制労働五年の実刑判決を受けました。背後で、文先生を抹殺しようというキリスト教指導者と共産党が共謀していたのです。

文先生は六月二十一日、興南収容所（徳里《トンニ》特別労務者収容所）に収容されます。ここは、日本統治時代に日本窒素肥料株式会社が造ったアジア最大の肥料工場を、共産党が強制労働収容所に改造した所です。共産党は当局の意向に従わない者を「思想犯」として、強制労働をさせたのです。そこは、過酷な労働によって囚人の半数が一年以内に死んでいく、「人間屠殺場《とさつ》」ともいうべき収容所でした。興南収容所は、再臨主である文先生が歩まれた現代の十字架の一つであると言えるでしょう。

囚人たちは、山のように積み上げられた肥料の原料である硫安（硫酸アンモニウム）を、カマス（わらむしろを袋にしたもの）に詰める労働をさせられていました。硫酸は有害で、触れれば皮膚がただれて粘液が流れ、吸えば肺が侵されてしまいます。十人一組で一日一三〇〇袋のノルマをこなせなければ、食事が半分に減らされました。ただでさえ雑穀、汁、水一杯ずつの粗末な食事でしたから、みな骨と皮だけにやせ細って次々に死んでいきました。ですから、文先生が受けた五年の刑は死刑を意味するのです。

収容所では、食事中に死んだ囚人がいた場合はその口を開け、その中のご飯粒を取り出して食べる人がいるほどでした。正に地獄の光景でした。こうした環境で、文先生は二年八カ月間を耐えて、生還されました。

では、文先生はいかにしてこの地獄のような環境を克服されたのでしょうか？　死人の口から食べ物を奪うような修羅場の中においても、自分のご飯の半分を他の囚人に分け与えたのです。その囚人は感動し、感謝して食べました。文先生は神様から与えられたその感動を食べたというのです。不思議なことに、文先生の体重は減りませんでした。

文先生のお母さんが差し入れを持ってくると、他の人にすべて分けてしまわれました。サタンの讒訴《ざんそ》を受けず、愛で屈伏させるためです。文先生はサタンと闘っておられたのです。しかし、お母さんにはそれがわかりません。苦労して得た差し入れを他の囚人に与える息子の姿を見て泣き叫ぶお母さんに文先生はこう言われました。

「私はあなたの息子である前に、神の息子なのです」

極限の状態の中では、人間性を失うのが普通です。その中で文先生は、人間（神の子）の尊厳を立てる闘いをされました。たった一杯だけの貴重な飲み水で朝、体を清め、神から頂いた体を清潔に保つ努力をされました。誰よりも早く起きて、祈る生活をされました。さらに、狭い場所でもできる独自の体操を編み出し、体力を維持する努力をされました。

また、いちばん難しい仕事を自ら率先して担当されました。自分を殺すために共産党が与えている仕事を、神が与えた仕事であるかのように取り組まれました。マラリアにかかったときも休まず、フラフラの体で仕事をされたのです。そのような姿に、共産党も「模範労働者賞」を毎年与えざるをえませんでした。

こうした文先生の姿を見て、獄中で十二人以上が弟子になったのです。イエスのときは十二弟子がみな逃げてしまいましたが、文先生はイエスが十二弟子を立てられなかった基準を超えたのです。

解放

一九五〇年六月二十五日（30歳）、「韓国動乱（朝鮮戦争）」が勃発しました。突如、北朝鮮軍十万が韓国に侵攻したのです。三日で首都ソウルが陥落。韓国軍は総崩れとなり、残るは南端の釜山《プサン》だけという絶体絶命の状況に追い込まれました。国連は急遽《きゅうきょ》、「安全保障理事会」を招集し、国連軍の出動を決定、世界から十六カ国が参加しました。

九月十五日、国連軍総司令官のマッカーサーは「仁川《インチョン》上陸作戦」を強行し、これを奇跡的に成功させたのです。北朝鮮軍は分断され、後退していきました。

北朝鮮は、強制労働収容所の囚人を順番に銃殺していきました。翌朝には文先生が銃殺される順番でした。その直前の十月十四日未明、国連軍のB29爆撃機が興南を爆撃、監獄も爆破され、文先生は解放されたのです。

国連軍はソウルを奪還。三十八度線を越え、韓半島全土を手中に収めようとしたとき、中国軍一〇〇万が突入してきました。続々となだれ込んでくる「人海戦術」に国連軍は恐れをなし、後退せざるをえませんでした。

一九五三年七月二十七日、米国と中国が中心となり、休戦協定が結ばれました。韓半島は再び南北に分断され、今も休戦中なのです。

共産主義問題

ここで、共産主義の問題点について考えてみましょう。

共産主義思想は神を否定し、霊魂や霊界の存在もすべて否定します（無神論・進化論）。人間中心、物質中心の価値観を持っています（唯物論）。自然界、社会や歴史は「闘争によって発展している」と考えています（唯物弁証法）。例えば、卵の殻とヒヨコは闘争しており、ヒヨコは卵の殻との闘争に勝って生まれると考えます。それと同じように、非支配者階級（労働者）が支配者階級（資本家）と闘って勝利することによって、階級のない新しい社会になるというのです。

こうした闘争によって発展するという思想から「暴力革命」を肯定する理論が生まれます。階級のない共産主義が理想の社会であり、それを実現する革命を遂行することが正義であり、それに反対すること、反革命は「粛清」すべきであるというのです。「粛清」の名の殺人をも正当化する恐ろしい思想なのです。

この思想に基づいて国家をつくったのが共産主義国家です。旧ソ連や東欧諸国などがそうでした。現在でも中国、北朝鮮はその国家体制です。

共産主義は、階級のない、差別のない平等な社会の実現を掲げます。歴史は常に被支配階級が支配階級を打倒して発展してきたとし、最後に資本主義、帝国主義を打倒して、共産主義世界が実現されるというのです。しかし実際には、平等どころか、共産党の独裁体制により、独裁者と一部の幹部らが富と権力を独占しています。

私有財産を否定し、どんなに働いても評価されません。そのため、労働意欲が低く、生産性が低下します。研究や工夫をしないので、農業技術も革新されず、天候に左右され、それが飢饉《ききん》の原因になったりもします。

共産主義は、人間の本質を労働とみなします。サルが労働することによって人間になったと考えます。労働しない人間はサルと差がないことになり、人権が認められません。共産主義国家では、言論を統制し、監視や密告の体制を敷いて、党を悪く言えば、強制収容所送りになったり、粛清されたりもします。

また共産主義は、支配者階級が文化・家族制度・宗教などによって支配体制を維持、強化していると考えます。これらを否定し打倒してこそ、共産主義社会ができると信じているのです。そして、闘争による発展を信じているので、軍事力の増強に力を入れます。軍事費が拡大し続け、経済が疲弊、破綻することにもなるのです。

キリスト教が再臨主を受け入れなかったため、世界摂理に対してサタンが侵害しました。それが共産主義による世界赤化戦略です。ソ連を中心に世界全体に共産主義が急激に拡大していきました。

一九四八年に北朝鮮（朝鮮民主主義人民共和国）、翌四九年には共産中国（中華人民共和国）が建国されました。そこからカンボジア、ベトナム、ラオスと、アジアにも広がっていきました。ポーランド、ユーゴスラビア、アルバニア、ハンガリー、ブルガリア、ルーマニア、チェコスロバキアなど、東欧諸国も次々に共産化されました。

一九四九年にドイツが東西に分断され、一九六一年には「ベルリンの壁」ができました。危機を感じた英国のチャーチル首相は、NATO（北大西洋条約機構）に西ドイツを加盟させ、ヨーロッパを共産主義から守ったのです。

アフリカでは南イエメン、モザンビーク、アンゴラ、エチオピア、ベナン、コンゴ人民共和国が、また中央アジアのアフガニスタン、中米ではキューバ、ニカラグアが共産化されました。

こうして一九八〇年代初頭には、世界の三分の二がソ連の影響圏下に置かれました。その当時、あとは日本と米国が共産化されれば、世界の共産化が実現すると信じる人も多くいたのです。

共産主義圏では人間を奴隷化し、従わない者は無慈悲に「粛清」します。ソ連ではスターリンが二〇〇〇万人以上を粛清しました。カンボジアではポル・ポトによる共産革命によって一〇〇万人以上が、中国では毛沢東による文化大革命で、少なくとも四〇〇〇万人が粛清されたといいます。

その数を合わせると、戦後七十年間で一億人を超えると見られています。約六〇〇〇万人が犠牲になった第二次世界大戦よりもはるかに多くの人が、戦後、共産革命による「粛清」で亡くなっているのです。

それで文鮮明先生は、「共産主義はサタン（悪魔）の思想である」と言われ、闘い続けられたのです。

第二次摂理の出発

一九五〇年十月十四日（30歳）、興南から解放された文鮮明先生は、すぐに南には避難せず、平壌で弟子を捜されました。そのとき、足を骨折して逃げ遅れた一人の弟子を発見されました。その弟子は「私を置いていってください」と懇願しましたが、「おまえが死ぬときは私も死ぬときだ」と言われ、自転車に乗せて一緒に避難されました。臨津江《イムヂンガン》を渡り、三十八度線を越えるときには、「私が責任を持って北を解放します」と涙ながらに祈られました。

一九五一年一月二十七日（文先生31歳）、朝鮮半島南端の釜山に到着しました。「乞食同然の姿であった」といいます。文先生は、段ボールと土をこねて広さ二畳ほどの小屋を造り、人類救済の新しい真理である「統一原理」を、「原理原本」として執筆してまとめ始められました。食べるのもままならないような貧しく苦しいときに、神と人類を思いながら、救いの道を示されたのです。その真の愛に引き寄せられるように、多くの人々が文先生を慕って集まってきました。

一九五四年五月一日（34歳）、文先生は、戦後、神の摂理を支える使命を果たせなかったキリスト教に代わる団体をソウルに創設されました。それが「世界基督《キリスト》教統一神霊協会」（現・世界平和統一家庭連合）です。文先生を信じるわずかな人々と共に、人類救済の神の摂理を再始動されたのです。

一九六〇年天暦三月十六日（40歳）、文先生は韓鶴子女史と聖婚されました。それはただの結婚式ではありません。人間始祖アダムとエバの失敗を蕩減復帰し、「人類の真の父母」となるための結婚式だったのです。

韓鶴子女史は、「真の母」の道を開かなければならない立場でした。そのためには、歴史上のすべての女性の苦労と苦痛を通過する道を行かなければなりませんでした。十四人の子女を生み育てながら、文先生と共に世界を何度も巡回され、世界的女性指導者の道を開かれたのです。

こうして、文鮮明先生・韓鶴子女史ご夫妻は、「真の家庭運動」を世界的に展開され、人類に家庭救援の道を開かれたのです。

アメリカを国際共産主義から守る

一九六八年一月十三日、文鮮明先生ご夫妻は韓国で「国際勝共連合」を創立されました(48歳)。「勝共運動」を世界的に展開され、世界の指導者たちと一つになって国際共産主義の問題を克服する道を開かれました。

一九七一年十二月十八日(51歳)、文先生ご夫妻はアメリカに渡られました。当時、アメリカは、共産化されかねない危機的状況に陥っていました。ベトナム戦争の泥沼化によって、米国内で共産主義者が反戦運動を起こし、大きな影響力を持つようになっていたのです。

文先生ご夫妻は、全米五十州で「希望の日」大講演会を敢行され、「米国が病気になっているので、それを治す医者として、また火事になっているので、その火を消す消防士として来た」と語られました。そして、「アメリカよ、神に帰れ！」と訴えて、ベトナム戦争で疲弊した米国を建国精神に立ち返らせて、大復興させたのです。

文先生は一五〇〇〇以上の名誉市民賞や感謝の盾、歓迎の手紙を受けられ、「ニューズウィーク」誌の表紙にもなりました。レバレンド・ムーン（文牧師）の名前は一躍有名になったのです。

ニクソン米大統領と会談（1974年2月1日、ホワイトハウス）

一九七四年二月一日（54歳）、文先生はホワイトハウスの大統領執務室に招待され、ニクソン大統領と単独会談をされました。そのとき、ニクソン大統領は窮地に陥っていました。国際共産主義勢力がその背後にあってベトナム反戦運動を起こし、政権を揺るがせていたのです。それに加えて「ウォーターゲート事件」が起きました。ニクソン大統領再選委員会の関係者が、野党である民主党本部に盗聴器を仕掛けようとしたというスキャンダルで、マスコミは大統領に辞任を迫っていました。

そうした世相の中で文先生は、有力各紙に「許せ！

愛せ！　団結せよ！」という一頁全面の意見広告を出し、「今、アメリカが結束しなければならない」と訴えたのです。

それゆえにニクソン大統領は、こう言って文先生を迎えました。

「あなたは偉大なる神の使者です。あなたの運動は私を非常に感動させました」

文先生はそんなニクソン大統領に対して、以下のような天のメッセージをお伝えになりました。

「東南アジア一〇〇〇万人の罪なき人々の命があなたに懸かっています。神の前に悔い改めてください！　死ぬ気で決断してください！」

そして、ウォーターゲート事件を解決すること、大統領を辞任しないこと、ベトナムから撤退しないことを約束するように言われたのです。ニクソン大統領は、「わかりました。必ずそうします」と答えました。

しかし、それから半年後の一九七四年八月九日、ニクソン大統領は辞任してしまい、やがて米軍はベトナムから撤退しました。その結果、ベトナムは共産化され、東南アジアに粛清と虐殺の嵐が吹き荒れたのです。一〇〇万人の難民がボート・ピープルとして流出し、日本にも一万人以上が難民としてやって来ました。カンボジアではポル・ポトによる共産革命で一〇〇万人以上が虐殺されました。米国では、ベトナム戦争から帰国した若者たちの多くが社会復帰できず、やがて麻薬やフリーセックスに走り、ヒッピー運動の一部の流れをつくりました。

一九七七年にカーター大統領が就任し、「人権外交」を掲げましたが、国際共産主義に対して弱腰でした。その結果、共産主義革命が世界で一気に拡大し、世界共産化の危機に陥りました。そうした情勢の中で迎えた一九八〇年の大統領選挙のとき、文先生はこう言われました。

「次の米国大統領が世界の運命を手中に収めることになる。もしカーター大統領が再選されれば、世界は赤化されてしまう。次期（第四十代）米国大統領にロナルド・レーガンを立てる！」

文先生は一九七六年に、新聞社「ニューズ・ワールド」を創設して準備しておられました。文先生の弟子である朴普熙《パクポヒ》「ニューズ・ワールド」社長はレーガン氏にこう伝えました。

「神があなたを次の米国大統領に定められました」

レーガン氏は朴社長の説明を受けると、「私は自分が大統領になる理由がわかりました。私には神の助けが必要です。レバレンド・ムーンに感謝します」と言いました。

しかし、実際の選挙戦は、現職のカーターが圧倒的に強く、レーガンの勝率は五パーセントもない状況とされており、レーガンの勝利を予測したマスコミは一社もありませんでした。にもかかわらず、投票日の前日、文先生は、「世界大戦が起きたときと同じくらいの大見出しで、『レーガン地滑り的大勝利（Reagan Landslide）』と書きなさい。明日の朝、米国民があっと驚くようにするのだ！」と言われたのです。

喜んだのはレーガンです。その新聞を持って笑顔で記者会見を行い、その映像が全米に中継されました。米国は、西海岸と東海岸では三時間の時差があります。多くの人がそのニュースを見て投票に出掛けたのです。マスコミの予想に反して、カーター四十九に対してレーガン四八九（選挙人）という選挙結果が出ました。奇跡が起こったのです。

こうして、一九八一年一月二十日、アメリカ合衆国第四十代大統領に、ロナルド・レーガンが就任しました。

大統領に就任したレーガンは、「強い米国」をスローガンとし、共産主義に対してはっきりと対決姿勢を打ち出します。すると、世界共産化の波が止まっていったのです。

レーガン大統領は文先生に感謝し、大統領就任式に文先生ご夫妻を招待しました。

文先生は、レーガン政権をバックアップするために、日刊紙「ワシントン・タイムズ」

を創刊されました（一九八二年）。この新聞は、「レーガンが朝、最初に読む新聞」「レーガンが寝室まで持ち込む新聞」とさえ言われました。紙面を通じて国際共産主義に対抗する世論を形成し、レーガン政権をサポートし続けたのです。

レーガン大統領は退任時にこんなメッセージを残しています。

「私は『ワシントン・タイムズ』に最大の恩を受けました。私の任期八年間、『ワシントン・タイムズ』なくしては、絶対にレーガン・ドクトリン（政策）を推進することは不可能だったでしょう。『ワシントン・タイムズ』の創設者レバレンド・ムーンに深い感謝の意を伝えてください」

レーガン政権は、ＳＤＩ（戦略防衛構想）を打ち出しました。これは別名「スターウォーズ計画」と言われ、核ミサイルが大気圏外（宇宙）に出たときに人工衛星からのレーザーによって迎撃するという防衛構想です。マスコミはそれを、ＳＦ映画の見過ぎだとこぞって批判しました。しかし、「ワシントン・タイムズ」だけは、ＳＤＩを強く支持したのです。その結果、予算が承認され、その後、実行可能であることが発表されました。

この事実が、その後の世界情勢に大きく影響していくのです。

二〇一一年十二月、産経新聞に「ソ連崩壊二十年」という特集記事が連載されました。

この中で、ニクソン、フォード、カーター、レーガン、ブッシュ（父）の歴代五政権でソ連との核軍縮交渉に当たったエドワード・ロウニー氏が、インタビューでこう述べています。

「ソ連は自国のミサイルがもう米国を破壊できなくなると考え、ＳＤＩを恐れて猛反対した。……ミサイル防衛の競争では米国に勝てないと、はっきり認識していた。……ＳＤＩがソ連崩壊に果たした役割は非常に大きい。レーガン大統領がこうした措置を国内のリベラル派や国務省の反対を抑えて実行したことこそ、ソ連崩壊を達成した理由だ」

米ソ冷戦を終結させる

その後、世界情勢は急激な変化を見せます。

一九八五年三月十一日。ソ連の指導者にミハイル・ゴルバチョフ書記長（八代目。後に大統領）が就任しました。ゴルバチョフは、行き詰まったソ連を変革するために、ペレストロイカ（改革）・グラスノスチ（情報公開）政策を推進しました。

一九八九年十一月九日、「ベルリンの壁」が崩壊。ソ連はこれを黙認しました。ルーマニア、ハンガリー、ポーランド、チェコスロバキアなど、東欧の共産国が次々と民主化されていく、「ドミノ現象」が起きました。

実はこうした変化の背景には、以下のようなことがあったのです。

一九九〇年四月十一日（70歳）、文先生ご夫妻はゴルバチョフ大統領とクレムリン宮殿で会談されました。

ゴルバチョフ・ソ連大統領と文鮮明先生ご夫妻
（1990年4月11日、クレムリン宮殿）

文先生の勝共運動がほかの反共活動と違うのは、ただ共産主義を憎み反対するのではなく、その間違いを根本的に正し、共産主義者をも救おうとするところです。一時ソ連は、反共の闘士として世界的に有名であった文先生を暗殺しようとしていたのです。しかし、文先生の活動を長年調査していたKGB（ソ連国家保安委員会）は、文先生がそれまでのような反共活動家ではないことを確信しました。それでソ連に招待したのです。

初対面で、文先生はこう言われました。

「写真やテレビで拝見するよりも、ずっとハンサムですね」

するとゴルバチョフ大統領はこう返しました。

「最近忙しくて、年を取るのを忘れていました」

この一つの会話で緊張が解かれ、そのまま文先生はゴルバチョフ大統領を抱き締めました。かつて自分を暗殺しようとしていた相手に、真の愛で対されたのです。

文先生はゴルバチョフ大統領にこう語られました。

「共産主義は神様の主義ではありません。この国に宗教の自由を呼び起こしてください」

ゴルバチョフ大統領は、それを約束しました。

一九九〇年十月三日には東西ドイツが統一されました。そして翌一九九一年十二月二十五日にはソ連が崩壊し、ついに冷戦が終結したのです。

かねてから、文先生はこう預言しておられました。

「共産主義は、一九一七年ロシア革命以来、六十年をピークとして、その後十年は下り坂となり、七十年を過ぎれば滅亡する」

ソ連の建国は一九二二年ですから、一九九一年は六十九年目でした。文先生の預言どおりになったのです。

後に、大統領の重荷を下ろしたゴルバチョフ氏は韓国まで来て、文先生ご夫妻を訪ねました。そのとき、次のように語っています。

「私は文先生の祈祷がなければすでに死んでいた人間です。先生が私を救うために何をされたかを、私はよく知っています。先生は私の命の恩人です。……先生が語られた言葉どおりにすべてが成し遂げられました。ですから先生は少し私を称賛してくださってもいいでしょう。先生の言葉を一〇〇パーセント守ったのですから」

一九九一年八月十九日、改革を進めるゴルバチョフ大統領に反対したヤナーエフ副大統領らがクーデターを起こしました。ゴルバチョフ大統領はクリミア半島に軟禁され、殺されかけます。そのとき、文先生の思想を学んだ青年たちは、ゴルバチョフ大統領を守ったのです。「命の恩人」とは、そのことを言っているのです。

ゴルバチョフ大統領は、文先生の指南したとおりに共産主義体制を放棄し、ソ連を崩壊させました。

金日成《キムイルソン》主席と会談

世界情勢のこのような急変を見て、強く反応した国が北朝鮮でした。ルーマニアの独裁者チャウシェスク大統領が処刑される姿を見て、同じ運命になるかもしれないと、ソ連・中国からも孤立していく状況のなかを、疑心暗鬼になったのが金日成主席であったと言えます。そのような中で「核兵器開発」が打ち出されました。

米国のブッシュ大統領はこれに敏感に反応しました。湾岸戦争に勝利した米国は、「次は北朝鮮だ」と、「防衛的先制攻撃」を打ち出したのです。北朝鮮が、核関連施設の無条件査察を拒否すれば先制攻撃をするというのです。一触即発の危機的状況でした。

しかし、当時の米国を止められる人は誰もおらず、金日成主席を説得できる人もいませんでした。そうした中で、立ち上がったのが文鮮明先生ご夫妻でした。

一九九一年十一月三十日（71歳）、文先生ご夫妻は、「戦争はだめだ！」と言われ、電撃的に北朝鮮を訪問されました。北朝鮮の地は文先生ご夫妻の生まれ故郷でもあります。このときの様子は、同行した朴普熙、ワシントン・タイムズ社長が著書『証言』（世界日報社）

などに記しています。

平壌国際空港では、金達玄《キムダリヨン》副総理や尹基福《ユンギボク》・朝鮮海外同胞援護委員会委員長（当時）ら幹部が丁重に出迎えしました。故郷を懐かしく訪ねた文先生ご一行でしたが、その後何日かたっても、金日成主席が直接対応するという連絡はありませんでした。

このままでは流されてしまうと考えた文先生は、乾坤一擲《けんこんいってき》の策を打ちます。北朝鮮の国会議事堂である「万寿台《マンスデ》議事堂」で北朝鮮幹部と会談中、突然立ち上がり、机を叩きながら激しく語り始められたのです。

「何が主体《チュチェ》思想か！　どうして人間が宇宙の中心になるのか？　人間の上に創造主である神様がいらっしゃる。だから主体思想では統一はできない！　統一は神様がなさる。私に任せてみなさい。私が北朝鮮を生かす。わかりましたか！　尹委員長！」

緊張が走りました。幹部は怒りに顔を硬直させました。

しかし文先生はお構いなしに続けます。

「尹委員長、金副総理！　北朝鮮を私に任せなさい。三年だけ任せてみなさい。皆がよく暮らせるようにしますから。私は金主席が好きだ。しかし、主席も私の言葉を聞かなければならない」

沈黙する幹部たちに、「なぜ答えない！」と詰め寄られる文先生——。

そのとき、同行していた朴社長はこう思ったそうです。

「終わった。我々はみな死んだ。文先生に危害が及ぶかもしれない。ここからどうやって抜け出すか！」

こうして、金日成主席との会談は絶望的になったかのように見えました。それどころか、無事に北朝鮮を出国することすら危ぶまれるような状況に陥ったのです。

しかし、事態は意外な展開を見せます。文先生のことを伝え聞いた金日成主席が、全く違う反応を見せたのです。

「正直な人だ。腹もある。やはり大きな人物だ！　この人に対してさらに興味深くなった」

こうして道が開かれ、金日成主席との世紀の会談が実現したのです。

一九九一年十二月六日、文先生ご夫妻は金日成主席と会談されました。金日成主席は、かつて日本赤軍のメンバーを使って文先生の暗殺を何度も仕掛けていた怨讐です。

しかし文先生は、金日成主席をいきなり抱きしめました。そして食堂に席を移してから、親しみを込めてこう言われました。

「あなたは私よりも年上ですから、お兄さんですね」

すると金日成主席は、「文総裁、私たちはこれから兄と弟として仲良くしていきましょう」と、文先生の手をしっかり握ったのです。

金日成主席はいつになく上機嫌となり、「このような人物に会ったことがない」と喜んだといいます。

後に文先生はこう語られました。

「私は彼に父母の心情で会った。真の愛には怨讐の概念がないのだ」

そのとき文先生は金日成主席に対して、「核は平和利用のみにして、核査察を受け入れてください」と言われました。そして共同声明まで調印して約束を交わしました。

その直後、北朝鮮政府の態度が急変しました。十二月末に韓国との間で核査察を受け入れて非核化する共同宣言に合意したのです。

こうして危機は回避されたのです。

真の愛の生涯

文鮮明先生ご夫妻は、これほどの歩みをされながら評価されることなく、長い間、マスコミをはじめ世の中から誤解を受けてこられました。それには理由があります。

一つは、「イエスは十字架にかかるために来られたのではない」と主張したため、キリスト教会から異端視されたことです。しかし今では、米国をはじめキリスト教会の聖職者の中からも、「イエスの真実」を理解する人たちが現れてきています。

もう一つは、「共産主義はサタンの思想である」と主張したため、国際共産主義勢力から執拗《しつよう》な攻撃を受けたことです。日本のマスコミ界にはリベラルな人が多いため、日本では特に批判的な報道が多かったのです。これは、それほど文先生の影響力を恐れたという証拠でもあります。

しかし、長年の活動によってそうした誤解は解けつつあります。

宗教界においては、文先生ご夫妻が世界の宗教指導者と結んだ信頼関係によって、彼らが宗教の真の使命を知り、キリスト教、ユダヤ教、イスラム教の壁を越えて和解するという、「真の宗教改革」が起こっています。

二〇〇五年九月十二日（85歳）、文先生ご夫妻は、「天宙平和連合（ＵＰＦ）」を創設されました。文先生ご夫妻は、世界を何度も巡回しながら、世界中の国家的指導者と信頼関係を結んでこられました。それが結実し、国連（当時、一九三カ国・地域）を超える一九四カ国・

地域の代表が集結して、平和実現のための新しい国際的組織をつくったのです。文先生ご夫妻を中心に、国境、国益の壁を越えた「人類一家族世界」づくりが始まっています。

二〇一〇年四月二十九日（90歳）、文先生ご夫妻は結婚五十周年を迎え、「金婚式」を祝われました。新郎新婦の装いをされたご夫妻が、もう一度、結婚式を披露されたのです。生涯を共に生き、「夫婦一体」となった本然の人間の姿を見せてくださったのです。

文先生は結婚について、家庭について、多くの指導をしてくださいました。二〇〇九年に出版された自叙伝『平和を愛する世界人として』には、次のようにあります。

「結婚は、単なる男女の出会いではありません。それは神の創造の偉業を受け継いでいく貴重な儀式です。……この世の中で神の国、天国が広がる起点となるところが家庭なのです」（光言社文庫版、２２８ページ）

新時代の始まり

二〇一二年九月三日（92歳）、人類の救世主、文鮮明先生は地上での責任と使命をすべて完成・完結・完了され、「聖和《ソンファ》（逝去）」されました。地上で神様を知って正しく生涯を全うした人は、霊界において神様のもとに帰るのです。本郷の地に帰るのです。これを「聖和」と言います。人類で初めて、神様を中心とした家庭を完成され、神様の前に影一つない真の愛の生涯を全うされたのです。神様の理想が地上から天上へとつながり、天国の門が開かれたのです。文先生はその理想天国を、「天一国《てんいちこく》（天宙平和統一国）」と名付けられました。

二〇一三年天暦一月十三日（陽暦二月二十二日）、夫人の韓鶴子女史によって、天国が開門する新しい時代の出発を宣言する、「天一国基元節」が宣布されました。今私たちは、「天一国時代」という新しい時代を生きているのです。

文鮮明先生は、苦難の路程を共に歩み、誰よりも信頼する夫人の韓鶴子女史に人類救済摂理の継続を託されました。神の摂理は、全人類が復帰され、父母なる神のもとに帰るまで終わりません。韓鶴子女史は、ノーベル平和賞を超えるとまで言われる「鮮鶴《ソンハク》平和賞」を創設されるなど、世界に向かって神の愛を注ぎ続けておられます。天は今も人類の救いを諦めていないのです。

救世主現る！

文鮮明先生・韓鶴子女史ご夫妻

人類の救世主が現れました。私たちには希望があります！

神様は、わが子である人間のために、気の遠くなる年月を越えて、人類の真の父母を遣わし、救いの道を開いてくださいました。文鮮明先生・韓鶴子女史ご夫妻こそ、人類の真の父母です。そして、あなたの父母なのです。あなたを救うために文先生ご夫妻は来られたということを知ってほしいのです。

第8講座

結婚の真実――神の祝福をあなたに

結婚の真実

皆さんの中には、既に結婚された方もいれば、これから結婚しようという青年男女もいらっしゃるでしょう。華やかな結婚式や、幸せな結婚生活には誰もが憧れます。しかし、「人は何のために結婚するのか？」と聞かれたら、皆さんは何と答えるでしょうか。

古今東西、結婚についてさまざまな有名人が名言を残しています。

「結婚生活でいちばん大切なものは忍耐である。あなたがもし孤独を恐れるのならば、結婚すべきではない」（ロシアの小説家チェーホフ、一八六〇―一九〇四）

「結婚するとき、私は女房を食べてしまいたいほどかわいいと思った。今考えると、あのとき食べておけばよかった」（米国の俳優、アーサー・ゴッドフリー、一九〇三―一九八三）

「夫婦が長続きする秘訣《ひけつ》だって？　それは、一緒にいる時間をなるべく少なくすることさ」（おしどり夫婦として有名だった米国のアカデミー賞俳優、ポール・ニューマン、一九二五―二〇〇八）

「王国を統括するより、家庭を治めるほうが困難だ」（ルネサンス期のフランスの哲学者モンテーニュ、一五三三―一五九二）

名言というより迷言といったほうがいいようなコメントもありますが、ここで言えることは、「時代や国・民族を超えて、人は皆、夫婦関係や家庭問題で悩んでいた」ということです。ですから、もし皆さんが結婚生活や夫婦関係で悩んでいたとしても不思議なことではないのです。

結婚の目的

人はよく、幸福や希望に満ちた人生を「バラ色の人生」と言います。誰もがそれを願って結婚するはずです。

しかし、現実はどうでしょうか。「結婚は人生の墓場である」という言葉を聞いたことがあると思います。バラ色どころか、墓場だと言う人もいるのです。ここに、結婚に対する理想と現実の激しいギャップが表れています。

フランスの小説家バルザック（一七九九—一八五〇）は、「あらゆる人智のなかで、結婚に関する研究が最も遅れている」と言いました。

皆さんは結婚のことをどれくらい知ったうえで結婚したのでしょうか。何のために結婚し、結婚したら何をすべきなのかを、学校で教えてもらったことがあるでしょうか。結婚はとても大切なことであり、人生に大きな影響を与えることは、誰もが知っています。にもかかわらず、結婚について何も学ばずに結婚したら、どうなるでしょうか。それでは、免許を取らないで車に乗っているようなものです。事故を起こしたとしても不思議ではないでしょう。

結婚式では夫婦の誓いがあります。キリスト教式では、例えば聖職者が「健やかなるときも、病めるときも、喜びのときも、悲しみのときも、富めるときも、貧しいときも、これを愛し、これを敬い、これを慰め、これを助け、その命ある限り、真心を尽くすことを誓いますか?」と問いかけ、新郎新婦が「誓います」と答えます。

また神道式では、一例として、「御神徳を戴き、相和し、相敬い、夫婦の道を守り、苦楽を偕《とも》にして、平和な生活を営んで子孫繁栄の途を開き、終生変わらぬことを御誓い致します」などと、誓いの言葉を述べるのです。

このように、いずれも「永遠の夫婦愛」を誓っているのです。しかし、それを実現できたカップルがどれほどいるでしょうか。果たして、「永遠の愛」は本当にあるのでしょうか。

そこで、改めて「統一原理」の観点から、結婚の真の意義と目的について考えてみましょう。

創造原理と結婚

聖書には、こうあります。

「神は自分のかたちに人を創造された。すなわち、神のかたちに創造し、男と女とに創造された」（創世記一章27節）

この聖書のメッセージは、いくつかのポイントを示唆してくれます。

神は、「創造原理」に則《のっと》ってすべての世界を創られました。ですから、自然界には法則があり、それを守ることで秩序と調和が生まれています。そこから外れた存在は何一つありません。ですから人間にも、創造原理に則った「正しい生き方」があり、「正しい結婚」があるのです。そして、正しく生き、正しく結婚してこそ、幸せになれるのです。

また神は、「真の愛」ですべての世界を創造されました。男性と女性も「真の愛」で愛し合うように創られているのです。人間だけではありません。自然界すべてが陽性と陰性の二性性相で創られています。人間の男女が夫婦として一つになって愛し合いながら感じる喜びは、自然界全体が和合して感じる喜びを代表しているのです。ですから夫婦愛は、ふたりだけの世界をつくるように見えますが、実は宇宙的で公的なものなのです。

人間は、男女が一つになって初めて「神の完全な似姿」になります。ですから、天の父母なる神は、子供である人間が皆、結婚することを願っているのです。これが「結婚理想」です。ですから「結婚式」とは、こうした神の創造理想と真の愛を人間が相続する「相続式」なのです。

永遠の愛と人生

神は心情の神です。心情とは、愛を通して喜びを得ようとする情的衝動です。「愛したい！そして喜びたい！」という愛の衝動です。愛するためには愛する対象がいなければなりません。それが、神が人間を創造した動機です。神は愛のために、愛の完成を目的として人間を創造されたのです。それゆえに人間は誰でも神から愛されているのです。

今、世の中では、多くの人が「どうしようもない寂しさ」に苦しんでいるといいます。愛は人間的に探し求めても限界があります。人間は神の愛を実感するときに、初めて本当の幸福を実感するように創られているからです。

その真の愛の喜びは、家庭を通じて子孫に相続されていきます。「父母の愛」「夫婦の愛」「兄弟姉妹の愛」「子女の愛」を四大愛と言います。子供が親を慕う愛、兄弟姉妹が互いを補い、助け合う愛、夫婦が互いを尊敬し愛し合う愛、親の子供に対する無償の愛などは、本来、家庭を基盤として学ぶものです。ですから、「家庭は愛の学校」なのです。そして、成熟した男女が神を中心とした「祝福結婚」をして家庭を築き、神の愛を相続していくのです。

神は、男女が美しい「理想相対」となることを願っています。理想のカップルというと美男美女カップルのことだと考えるかもしれませんが、そうではありません。親なる神から見れば、すべての人間は愛する息子、娘です。重要なことは、「一人の男性と一人の女性のカップルであること」です。それが「理想相対」です。そこが、唯一、絶対、不変、永遠の神の愛を相続する中心になるのです。「不倫」がなぜいけないのかというと、そのような愛を破壊してしまう行為だからです。

夫婦は簡単に和合できなかったとしても、焦ったり諦めたりしてはなりません。五十年後、「金婚式」を祝うまで努力する、くらいの気持ちが必要です。そうしてこそ、「神の似姿」としての夫婦の理想像に近づけるのです。そして、神の愛を中心にした「永遠の愛」の世界である霊界に行く準備をするのです。そこに結婚の最終目的があります。

人間の堕落と結婚

しかし、人間始祖が堕落したことにより、人間は神を見失い、「結婚理想」を知らずに生きてきました。アダムとエバは、成長の途上で、愛が未完成のまま、神の祝福を受けずに結婚してしまいました。その結果、神との関係を失い、代わりにサタンと関係を持って生きてきたがゆえに、偽りの愛や偽りの血統、および罪を子孫である全人類に負わせてしまったのです。

つまり、人間始祖の結婚（男女関係）の過ちが「原罪」をもたらしたのです。「結婚は人生の墓場である」という言葉は、それをよく表しています。人間は間違った結婚によって神との関係を失い、霊的に死んだということです。真の愛の関係から真の生命と真の血統が生まれます。ですから、真の愛を喪失することは、真の生命を喪失し、真の神の血統を喪失することにつながるのです。それで神様は「取って食べると、きっと死ぬ」（創世記二章17節）と言われたのです。

このように、今日に至るまで、家庭の中にある苦しみは、結婚に対する無知と愛の罪から生まれた苦しみだったのです。その始まりである「原罪」が罪の根となっているため、これを解決しない限り、家庭と世界から争いはなくならないのです。家庭内の争いも、国同士の争いも、根っこは同じです。ですから、この根本問題の解決なくして、幸福な結婚も平和な世界もないのです。

つまり、神の創造原理から見た場合には、「真の結婚」をしたカップルは、歴史上、この世界に一組も存在しなかったということです。これは、私たち人間にとっては衝撃的な内容です。

現代社会の問題と結婚

この問題ゆえに家庭が崩壊しています。父母もその父母から真の愛を受けていないので、真の愛がわからないのです。その結果、多くの子供たちが傷ついてきました。社会を不安に陥れる犯罪者の多くが家庭に問題を抱えていることは明らかです。カインが、神から見捨てられた愛の恨みから弟、アベルを殺してしまったように、愛を失えば殺人までも犯すことがあるのです。その罪の系譜は、現代の社会と家庭にも連綿と続いていることを知らなければなりません。

現代社会においては、本来の結婚と家庭に対する無知から、家庭よりも個人の幸せを追求すべきだという人がいます。同性結婚をする人もいます。その先に人類の繁栄と幸福があるでしょうか。今の世の中の混沌《こんとん》の多くは、「家庭」の存在意義がわからなくなっていることから生じています。それゆえに皆様も、このような家庭の重要性をしっかりと学ぶ機会を、より積極的に持っていただきたいと思います。

救いの摂理と結婚

それでは、私たちはどうしたらよいのでしょうか。神を中心としない誤った結婚によって霊的に「死んだ」立場にある人間は、神を中心とした正しい結婚によって「復活」するしか生き返る道はありません。

このため、神は人類を救う計画（摂理）を立てられました。それは、アダム・エバに代わる人間始祖を送って原罪を清算させ、「結婚理想」を取り戻すことでした。その方を人類から見れば、「救世主」というのです。

今から二〇〇〇年前、救世主としてイエス・キリストが誕生されました。神の願いを知ったイエス様は、自らが「祝福結婚」をして人類の真の父母となり、人類を「祝福結婚」に導く道を開こうとされました。しかし、人類はその方の価値がわからず、十字架で殺害してしまったため、イエス様は真の父母になることができないまま無念の死を遂げられました。

それでも神に、「彼らをおゆるしください」（ルカによる福音書二三章34節）ととりなしの祈りをし、最後まで真の愛で尽くしたため、霊的なサタンの不可侵圏が成立し、人類の霊的真の父として復活されたのです。そして、再臨の預言を残して昇天されました。神は、イエス様の果たせなかった真の父母としての使命を完遂させるために、「再臨主」を送る準備を開始されたのです。

イスラエル民族の二〇〇〇年の信仰条件の上にイエス様が降臨されたのと同様に、キリスト教徒の二〇〇〇年の信仰条件の上についに「再臨主」が降臨されました。「再臨主」は、イエス様の残された使命を完遂し、人類の真の先祖である「真の父母」となり、人類を「祝福結婚」に導き、真の家庭を基盤として世界を救援されるのです。

この再臨主こそ、文鮮明《ムンソンミョン》先生・韓鶴子《ハンハクチャ》女史ご夫妻なのです！

イエス様が世の中から迫害されたのと同じように、文鮮明先生ご夫妻も長い間、誤解され、苦難の道を歩んでこられました。それには理由があります。

「イエス様は十字架にかかるために来られたのではなく、結婚し、真の家庭を完成するために来られた」と世の中に宣言したため、本来、再臨主を支える基台となるべき既成キリスト教会が受け入れずに、彼らから異端者として排斥され、迫害されてきたのです。また、「神の存在を否定する無神論、共産主義はサタンの思想である！」と主張したため、共産主義者からも常に命を狙われる立場となりました。

そのために、文鮮明先生は幾度も無実の罪で投獄されるという、苦難と迫害の壮絶な道を行かなければなりませんでした。

それでも、天との約束を果たすという一念で、不死鳥のごとく何度も再起された文鮮明先生ご夫妻は、世界的に祝福結婚運動を推進され、人類一家族世界実現の道を切り開かれたのです。

結婚に対して、文鮮明先生はこう言われました。

「結婚は、私のためではなく相手のためにするものです。結婚するとき、立派な人やきれいな人ばかりを追い求めるのは間違った考えです。人間は、人のために生きなければな

祝福結婚式の主礼を務められる文鮮明先生・韓鶴子女史ご夫妻

りません。結婚するときも、その原則を忘れてはいけません。いくら見劣りがする人だとしても、美人よりもっと愛そうという心で結婚しなければなりません。福の中で最も貴い福は神の愛です。結婚は、その福を受けて実践することです。その貴い御旨を理解して、真の愛の中で結婚生活をし、真の家庭を築かなければなりません」（文鮮明自叙伝『平和を愛する世界人として』光言社版、２４５ページ）

こうした教えに賛同した人々の輪が、世界中に広がっていきました。こうして、文鮮明先生ご夫妻は、全世界に四億を超える「祝福家庭」を誕生させたのです。

その中には、初婚の青年男女だけでなく、すでに結婚していたカップルも多くいます。

それで、多くのカップルが同時にセレモニーに参加する「合同結婚式」という形を取ったがゆえに、一時、日本ではマスコミが批判的に報道しました。そのことで、世の中から奇異な目で見られました。しかし、多くの人は外側から見ているだけで、何のためにそのような結婚式をしているのかを知らずに批判していたのです。

「祝福結婚」をした人の中には、世の中に強い影響を与える人々も多くいます。カトリック教会の元大司教であるエマニュエル・ミリンゴ師もその一人です。

ミリンゴ師はアフリカのザンビア出身で、霊的な力が強く、多くの人の病を癒やすなどして敬愛されていました。ローマ法王からカトリック大司教の任命を受け、バチカンのローマ教皇庁で要職を歴任しました。しかし、文鮮明先生と出会い、統一原理を学んだミリンゴ師は、自分も結婚すべきだと確信し、二〇〇一年に七十歳で韓国人のソン・マリアさんと「祝福結婚」をしたのです。このことは世界中に波紋を起こし、カトリック教会からは、五年間、軟禁されるほどの反対と迫害を受けました。しかしミリンゴ師の信念は変わらず、破門されても文先生から離れませんでした。

ミリンゴ師は言います。

「カトリック司祭も神様の原理から見れば、当然、『祝福結婚』をして家庭をつくらなければならない。文鮮明先生ご夫妻の生涯とその方のなさっていることを見て、この方こそ神様が送られたメシヤであることがわかるようになった」

このように、生涯を神とイエス様に捧げたキリスト教指導者の中にも、文鮮明先生ご夫妻を再臨のイエスだと確信する人々が現れ始めています。

祝福結婚は世界平和運動

「家庭連合」は何をしているところでしょうか。

神様の真の愛を相続する「祝福結婚式」を中心として真の家庭再建に取り組んでいます。それを「真の家庭づくり運動」といいます。

また、神様の真の愛を中心とした人類一家族世界実現に取り組んでいます。「One Family under God!」をスローガンに「世界平和運動」を展開しています。その運動は世界一九四の国と地域に及んでいます。

「祝福結婚式」とはどのような結婚式なのでしょうか。それは、ただの結婚式ではありません。神様の真の愛を相続するための結婚式です。

人には「天から祝福を受けて結婚したい」という本性があるため、信仰を持っているいないにかかわらず、牧師や神主に祝福してもらう結婚式が多く行われています。

しかし本来は、神を中心とした真の愛、真の生命、真の血統を相続し、神からの祝福を受けて結婚すべきなのです。それができる唯一の結婚式が、「祝福結婚式」なのです。

また、それは、人間始祖から受け継いできた原罪を清算する結婚式です。罪の根である原罪を清算し、神様の真の愛（の木）に接ぎ木され、「血統転換」する式なのです。

そして、それは、天国に入籍し、霊界で永生するための結婚式です。神様に公認されたカップルは、霊界に行っても変わらず夫婦となるのです。夫婦であってこそ神の似姿となり、天国に入籍することができるのです。

ですから、何のために結婚するかといえば、霊界があるから結婚するとも言えるでしょう。それを考えると、たとえ死ぬ一日前に「祝福結婚」をしたとしても意味があります。夫婦関係は地上だけでなく、霊界にもつながる永遠の関係なのです。そこにこそ永生があり、永遠の愛があるのです。

神の祝福をあなたに

ここまで聞けば、あなたも「祝福結婚」をしたくなったことでしょう。心配は要りません。あなたにも招待状が届いています。

「祝福結婚への招待状――

理想社会の基礎は、健全な家庭を確立するところにあります。その家庭が平和に満ちているか、争いがあるかで、家庭と社会の未来が決定します。神様の愛を中心とした、幸せで美しい家庭が多く存在すれば、間違いなく幸せな社会となることでしょう。神様の愛に満ちた家庭を実現してこそ、平和で幸福な国家、世界に連結され、理想世界へと結実していきます。

人類の真の父母、文鮮明先生ご夫妻を主礼として挙行される祝福結婚式は、神様の愛を中心とした夫婦となることを誓う晴れやかな式典です。神様は永遠不変であられるがゆえに、神様の愛を相続する夫婦もまた、『永遠なる夫婦』となることができるのです。

聖なる祝福結婚式に参加し、永遠の幸せと喜びに向かって、共に歩み始めましょう！」

神は子供である私たちを救うために、このように長い歴史を貫いてあなたの目の前までたどり着かれたのです。その心を知られた文鮮明先生ご夫妻は、すべての人々に「祝福結婚」の恩恵を与えたい一心で、ご苦労の道を越えてこられたのです。

あなたも祝福結婚式に参加しませんか。そこからあなたの新しい人生が始まります。

おわりに

最後までお読みくださり、ありがとうございました。聞き慣れない言葉もあり、理解するのが大変だったと思います。

神様（天の父母様）は、人類を見捨ててはいないということ。
今の時代に「再臨のメシヤ」を送ってくださったということ。
その方は、文鮮明《ムンソンミョン》先生・韓鶴子《ハンハクチャ》女史ご夫妻であるということ。
新しい人生を出発する道が「祝福結婚」にあるということ。

これが知っていただきたかったことです。これを知っていることは、この世のすべてを知っていることに相当するほどの価値があることなのです。
神様はあなたに、天国への招待状を送ってくださったのです。それゆえに、これを知った皆さんは、今の時代の先頭に立っています。天が与えてくださったチャンスをつかみ、幸せな人生の道を開いてください。

ここでお話しした内容は、「統一原理」の概要にすぎません。この新しい真理の価値を感じてくださったなら、より深い内容を学んでくだされればと思います。あなたとご家族の幸福への道が、よりはっきりと見えてくることでしょう。

あなたの幸せが、ご家族の幸せ、地域の平安につながり、世界の幸せへとつながっているのです。

あなたとの出会いを記念して、この本を贈ります。

二〇一九年十月

入山聖基

◆参考文献◆

『原理講論』(世界平和統一家庭連合編、光言社)
『平和を愛する世界人として』(文鮮明著、光言社)
『証言』(朴普煕著、世界日報社)
『文鮮明師の電撃的な北朝鮮訪問』(朴普煕著、世界日報社)
『文鮮明師こそ共産主義崩壊の仕掛人』(朴普煕著、世界日報社)
『文鮮明師が演出したレーガン地滑り的大勝利』(朴普煕著、世界日報社)
『聖書』(日本聖書協会)
『星の王子さま』(サン・テグジュペリ著、新潮文庫)
『大発見の思考法』(山中伸弥・益川敏英著、文春新書)
『ダーウィンと家族の絆』(ランドル・ケインズ著、白日社)
『実践理性批判』(カント著、岩波文庫)
『生命の暗号②』(村上和雄著、サンマーク出版)

『からだは星からできている』（佐治晴夫著、春秋社）
『悪魔のささやき』（加賀乙彦著、集英社新書）
『ローマはなぜ滅んだか』（弓削達著、講談社現代新書）
『やさしいキリスト教史』（梅本憲二著、光言社）

著者紹介
入山聖基（いりやま　せいき）

1965年、9人兄弟の長男として生まれる。15歳の時に父親が急死し、母子家庭の大家族で育つ。生きる目的を見失い、抜け殻のように生きていたが、大学入学時に「統一原理」と出会い、生きる喜びを知る。
現在、全国で統一原理の講演会、セミナーを行い、多くの人々に人生の真実を伝えている。長野県出身、神奈川県相模原市在住。1男2女の父親。

生き方を学ぶ統一原理セミナー
幸福な人生には原則があった

2019年11月1日　初版発行
2021年5月25日　第4刷発行

著　者　入山聖基
発　行　株式会社　光言社
〒150-0042 東京都渋谷区宇田川町37-18
TEL（代表）03(3467)3105
https://www.kogensha.jp
印　刷　株式会社　ユニバーサル企画

ISBN978-4-87656-212-1